曾国藩

「英雄」と中国史

岡本隆司
Takashi Okamoto

岩波新書
1936

曾国藩

はじめに

「清国公使館詣で」の情景

「御一新」から十年ほどたった一八七八年初めの日本。その首都・江戸あらため東京に、清朝から海を渡って、常駐外交使節団が赴任してきた。かれらがまもなく芝に開設し、同年中に永田町へ移転した公使館には、やがて多くの日本人が足繁く訪れるようになって、これを俗に「清国公使館詣で」と呼ぶ。

江戸時代以来の漢学は、この時期まだまだ力をもっていた。日本の知識人といえば、まず漢学者であって、かれらは本場の文人エリートが来日滞在した希有の機会に、本場の漢詩文の手ほどきを受けにいったのである。まぎれもない日中交流史の一コマであって、コミュニケーションの手段は筆談だったから、その記録も今に伝わり、かねて注目をあつめてきた。

図1　黄遵憲

そんな「清国公使館」員の一人に、黄遵憲《こうじゅんけん》という人物がいる。まだ満三十歳になったばかり、赴任して以

後、日本研究にいそしんで「清国公使館」きっての、いな当代の漢人随一の日本通となった。『日本雑事詩』『日本国志』の著述があり、同時代中国の対日観の最高水準を示している。

もちろんその黄遵憲も、多くの日本の文人墨客《ぶんじんぼっかく》と交流した。当代著名な漢詩人石川鴻斎《いしかわこうさい》も、その一人である。

かれは十五歳年少の黄遵憲に対しても、教えてもらう、という姿勢で一貫していた。時に着任して二年ほど経過した一八七九年一二月一八日、例によっての筆談である。

「わが国の漢詩文をたしなむ連中ときたら、書を読まぬという通弊があります。詩文で一家を為そうというのに、千巻の書も読んでいないでしょう。亀谷省軒《かめたにせいけん》氏はたくさん書を読むがゆえに、詩文がうまいです。ですが比肩できる者はごくわずかです」

「これまで遠慮して申し上げてこなかったことがありまして、日本人の通弊は、書を読まぬこと、器量の小さいこと、気力の弱いこと、文字が冗漫なことです。一掃すればとてもよくなるはずです」

「まさに頂門の一針。われわれも免れないところで、お恥ずかしいかぎりです」

「日本の文章は紀行・画跋《がばつ》・詩序《しじょ》にとても巧みながら、盛大広明な文は多くありません。近来の『曾文正公文集《そうぶんせいこうぶんしゅう》』のようなものは、日本ではとてもお目にかかれません」

技巧的ながらスケールが小さく、力不足で風通しが悪い、と黄遵憲が批判し、石川鴻斎も納得した日本人の漢学。その対極に位置するのが、編集刊行をみたばかりの『曾文正公文集』。文正公・曾国藩《そうこくはん》の詩文を集めたものである。仰ぎ見るような黄遵憲の口吻ではあった。

評　価

この人物は当時、歿後五年あまり、「文正公」という諡号《しごう》は、臣下としては最高位のものである。すでに清朝中興の名臣という、その令名は内外にひろまりはじめていた。若き黄遵憲が筆に上せたのも、そうした文脈からであろう。

やがて日本でも、文武にすぐれた「儒将」として評価が高まった。曾国藩の声望は日中で定着したといってよい。

もっとも、以後の日本は急速に中国との関係が悪化したから、古典に登場する偉人ならともかく、同時代・近代の人は、あえて敬仰、顕彰するという感覚に乏しかった。戦争をへて、中国の体制も変わると、史上の人物にも、その影響が及んでくる。二〇世紀の後半以降はどうやらそのくりかえしだった。

中国史に関心を失って久しい現代日本人は、そこに登場する偉人など、ほとんど誰も知るまい。曾国藩も例外ではなく、かつてのように、一般にも知られた隣国の歴史的な著名人というわけではなくなってくる。「曾」「曽」という漢字の姓すら、読めない向きがあるのではなかろうか。

それでも、つい数十年前までは中国史を語るに、曾国藩の名前を欠かすことができなかった。とりわけ近現代史は、そうである。少なくとも学界では、最も著名な中国人の一人だった。ところが今は、おそらくそうではない。まったく忘れ去られたとはいわないものの、ほとんど顧慮されなくなっている。それとともに、一般にもおよそ知られなくなった。

もちろん中国語圏では、およそ事情は異なる。曾国藩に関しては、言論にせよ研究にせよ、多かれ少なかれ、言及が絶えることはない。曾国藩をどうみるか。それは自他の歴史観のみならず、政治的な立場そのものの表明でもあって、目前の地位をも左右しかねない。中国語圏の曾国藩には、いまなおそれほどの重みがあって、日中のギャップはこんなところにもかいまみられる。

それなら、現代日本人にごくなじみの少なくなった一方で、中国人が関心をもちつづける曾国藩は、実際にはいかなる人物なのか。日本人がおよそ忘れ去った史上の重大な人物をみなおすことで、今昔の中国の理解にも資するかもしれない。

矛盾

その曾国藩を一言で定義するなら、矛盾に満ちた人物だといえようか。矛盾というからには、いくつもの属性があること、それぞれ互いに整合していないこと、そんな事情をあらわしている心算である。

まず事蹟が極端だった。位はほぼ人臣を極め、当代第一流である。同時代の名声を集めた一方で、悪評も高かった。極官・著名人なら毀誉褒貶こもごもあるのは、古今の通則ながら、矛盾だといえば矛盾である。

それほど極端なら、さぞ華やかな人物像を思い浮かべるかもしれない。それが世上ありがちな印象だろう。しかし現実の曾国藩本人をスケッチしてみれば、容姿風采、物腰性格もごく地味だった。一昔前の表現なら「ネクラ」という印象がぴったりである。葬式の采配が得意だった、というからいよいよ暗い。また自身の人生の節目にも、服喪がついてまわった。

本人も「心力労苦」が第一義だと自己定義していた。小心翼々にして刻苦勉励、気後れしつつコツコツ・マジメに努め、たえず反省を怠らない。およそ田舎者に共通するタイプであろうか。

もちろん、とびきりの秀才・傑物ではある。文人・学者として著名だったし、かつ有数の政治家・軍略家でもあった。

しかし仔細にみれば、いずれも他を圧して卓越したわけではない。名高い著述もなければ、すぐれた政策を打ち出したこともなかった。戦争に強いわけでも、経済に明るいわけでもない。「中興の名臣」という金看板をはずしてしまえば、決して具体的な事蹟の目立つ歴史的人物ではなかった。

虚　実

自己点検も「中途半端」という評価である。もっとも、日本でいえば黒田《くろだ》如水《じょすい》も「中才」と自称したくらいだから、それは謙遜、韜晦《とうかい》なのかもしれない。

そのためか、二人とも行蔵は大きく誤らなかった。いずれも去就に慎重で、保身に長けている。目前の職務に真摯、清廉潔白を励行した点でも共通していた。そのゆえに病弱ながらも、天寿を全うできたのだろうが、逆にいえばその実像は、賭博性・ドラマ性の乏しい、ごくつまらない人物だとみることもできる。

「友人」たる司馬遼太郎の黒田如水評は「一個の平凡な紳士」というにあった。決して「友人」ではないものの、曾国藩本人に対する筆者の印象も、漢語の字義どおりの「紳士」だったこともふくめ、大きくかわらない。「平凡」な人物であっただけに、時代・地域の気分を善かれ悪しかれ、多かれ少なかれ身につけていた、象徴していた、というのも両者同じである。

それでも黒田如水は、天下人の軍師としてかくれない日本史の著名人だし、曾国藩の中国史上の声望は、はるかにそれを圧倒するものがあった。実績・実像に比して、声威・評判のみ高い。これも矛盾である。そのため筆者は、曾国藩を評して「カリスマ」「アイドル」と形容したこともある。

もっとも、それは偉人と称せられる人物には、大なり小なりついてまわる話柄にはちがいない。中国でも古くは孔子《こうし》にはじまり、近年は毛沢東《もうたくとう》にいたるまで、それは真理である。曾国藩も例外ではない。いな中国史上、最も典型的な事例の一つであろう。

極言すれば、本人の実像がどうであろうとかまわない。世人がどのように理解し、どのように評価してきたかが重要なのである。そこには当然、虚構もおびただしい。

それなら実像はどうなのか。まずその点がわからないと、歴史の究明ははじまらない。しかもそれだけでは、不可である。虚実の矛盾・乖離の由って来たるゆえんは何か。なぜ虚像が生まれ転変するのか。そのメカニズムも問題である。そこにこそ、中国史を理解するカギがあるのではないか。

曾国藩の生涯という具体的な素材を追いかけるなかで、そんなことを考えてみたい。

目次

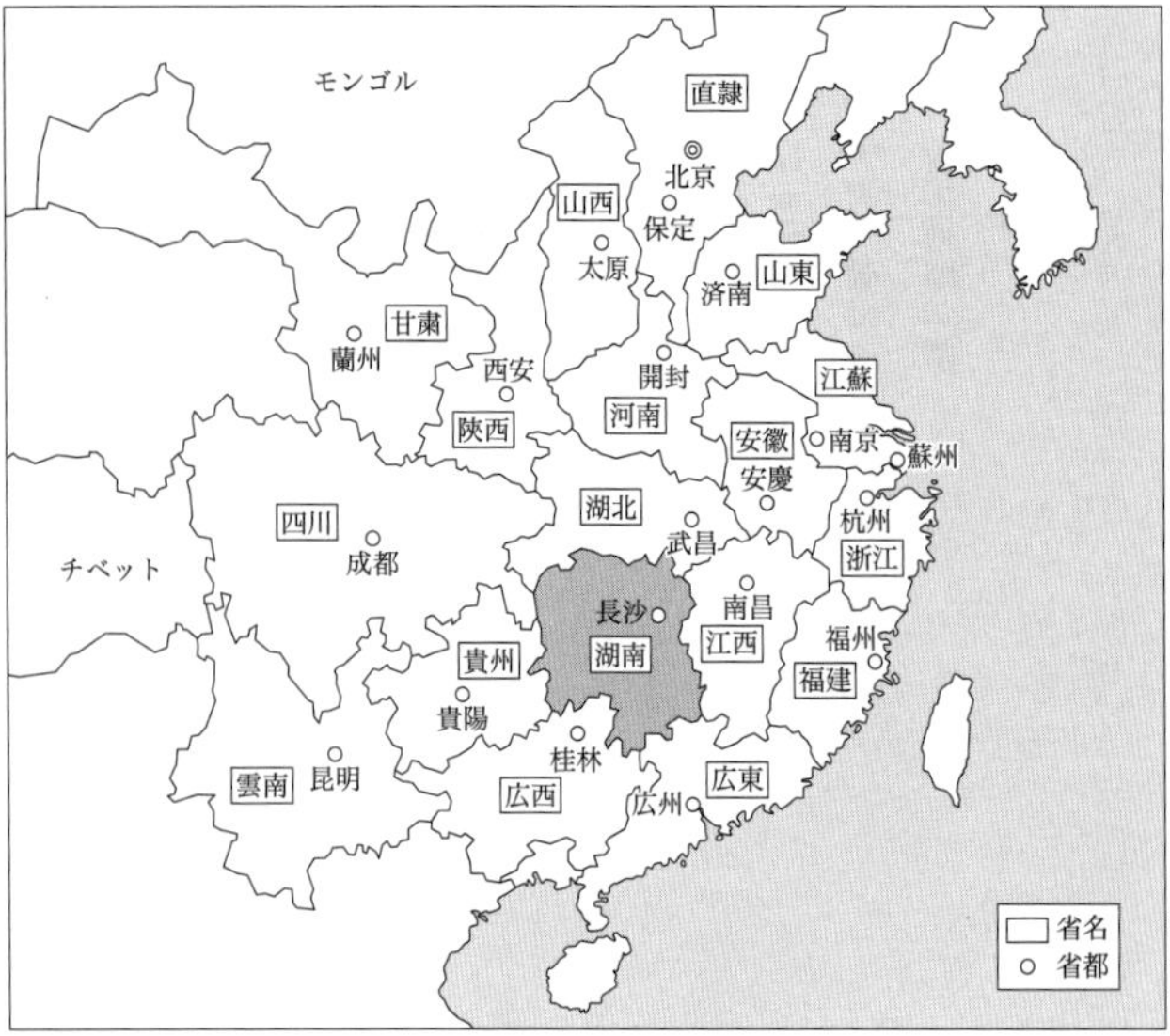
モンゴル
直隷
北京
保定
山西
太原
山東
済南
甘粛
蘭州
西安
開封
江蘇
陝西
河南
安徽
南京
蘇州
安慶
四川
湖北
杭州
成都
武昌
浙江
チベット
南昌
長沙
湖南
江西
福州
貴州
福建
貴陽
桂林
雲南
昆明
広西
広東
広州
省名
省都

19世紀の中国

I　生い立ち

図 2　湖南省・湘江の河口(20 世紀初頭撮影．公益財団法人東洋文庫所蔵)

1　一九世紀

「長い一八世紀」の東西

わが曾国藩が生まれたのは、一八一一年一一月二一日。ヨーロッパではいわゆる「長い一八世紀」が、そろそろ終わりを迎えようとするころ、ナポレオンが絶頂にのぼりつめ、やがて敗亡への坂をころがり落ちる転機にあたる。そこから新たな時代に移りはじめた西方の動きは、隔絶した東アジアの地に生まれた曾国藩に、決して無関係ではなかった。

「長い一八世紀」とは、前世紀の一六八八年、ルイ一四世に対する大同盟戦争にはじまり、一八一五年のナポレオン戦争終結におわる、およそ百三十年間の謂《いい》である。いわば戦争の世紀であった。

欧米はこの間、一大変貌を遂げた。そのトップランナーはいうまでもなく、この戦争の世紀を勝ち抜いたイギリスである。その主たる敵対国は、一貫してフランスだったから、「長い一八世紀」とは、いわゆる第二次英仏百年戦争にひとしい。

イギリスはその間に、科学革命・軍事革命・商業革命を経たうえで、他国に先がけて軍事・

財政を国家規模で厖大に動員できるシステム、いわゆる「財政＝軍事国家（fiscal-military state）」をつくりあげた。やがて「産業革命」をも、本格的に開始している。戦争の世紀は革命の世紀でもあった。

もちろんイギリスの独走ではない。ヨーロッパ大陸諸国もこうしたイギリスに対抗すべく、そのありように追随し、それぞれ自国を近代国家へと脱皮させてゆき、次の世紀の準備をととのえている。

この「長い一八世紀」は、はるかに遠い東洋・中国にも、大きな影響を与えた。富強化したイギリスは、中国から莫大な茶・生糸を買い付けて、中国に銀を流し込んだからである。一七世紀の中国は、内乱と貿易の衰退で不況に陥っていた。ところが世紀の替わるころから、景気が回復しはじめ、一八世紀の後半には、イギリスから大量に銀が流入したことで、未曽有の好況と繁栄を享受するようになる。そんな中国に君臨した乾隆帝《けんりゅうてい》は、とほうもない贅沢三昧を満喫できた。

もっとも中国の繁栄は、近代を生み出した西洋のようなプロセス・結果にはならなかった。これを「大いなる分岐」と呼んで、東西の歴史の岐路とみる学説もある。ここが「分岐」点だったかどうかはともかく、同じく豊かになったはずの東西がこの時期、鮮やかなコントラストをなしていたことは事実である。

一八世紀・「長い百年」は、西が戦争・革命の世紀だったのに対し、東はいわば「平和の世紀」だった。しかもそうした東西のコントラストは、次の世紀には構図がすっかり逆転するにいたる。「長い一八世紀」の終わりとは、東西にらみあわせてみると、ちょうどその交叉点・転換期だった。

このような逆転現象を呈したのは、双方の社会構成・統治体制に大きなちがいのあったことを意味する。もちろん両者各々孤立していたわけではない。一方が他方に刺戟・影響を与えつつ、互いを動かしていた。

曾国藩が生まれ合わせたのは、ちょうどそんな時節だったのである。それを出発点とする東方の帰趨が、やはりかれの生涯を規定したのはいうまでもあるまい。

西洋の平和と制覇

ヨーロッパのナポレオン戦争は、五百万人以上の命を奪う一大惨禍だった。さらにフランス革命戦争での死者を加えれば、七百万人にのぼる。これよりちょうど一世紀の後、第一次世界大戦の戦死兵は、八百万から一千万人だった。ナポレオンの時代には、機関銃も戦闘機も潜水艦も装甲艦もなかったし、国家総動員で戦争に従事する「総力戦」もなかったのに、この数字である。前後あい比して、思い半ばに過ぎるものがあるし、当時の人々が抱いた気持ちも、想像に難くない。

ナポレオン戦争を終わらせたヨーロッパ各国は、一八一四年九月オーストリアの首都ウィーンに集まり、戦後処理問題を討議した。ウィーン会議である。「踊る会議」に集まった首脳は、それぞれの思惑はどうあれ、もはやこのような惨事をくりかえしてはならぬと望んだことでは共通していた。イギリス・フランス・プロイセン・オーストリア・ロシアという五大国は、ヨーロッパに戦争の世紀が二度と到来しないよう、「正統主義《レジティマシー》」「勢力均衡《バランス・オブ・パワー》」という秩序体系を構築、維持することを誓い合う。いわゆる「ウィーン体制」である。

このウィーン会議以降、ヨーロッパでかつてのように、大国すべてが参戦する大戦争は、著名なクリミア戦争を除いて、ほとんどなくなった。王朝の復古をかかげた「正統主義」は、民主主義的な価値観からすれば、反動的な体制だったかもしれない。実際に各地で革命がしきりにおこった。それでも「勢力均衡」は有効にはたらいて、国際関係の確立と安定をもたらしている。ドイツ帝国の成立まではおおむね平和を保っていたし、またその後も、ビスマルク外交に引き継がれた秩序体系でもあった。

ヨーロッパが平和に転じたことは、しかし世界全体の平和を意味するわけではない。「長い一八世紀」をへて、近代国家として出発したヨーロッパ列強は、経済的にも軍事的にも、世界に冠絶する勢力となり、大航海時代・環大西洋革命の時代にまして、海外への膨脹を果たしていった。一九世紀とは、欧米のグローバル規模の世界制覇の時代にひとしい。その波はまもなく東アジアにも押し寄せる。

繁栄の翳で

かたや同じ一八世紀、好況・繁栄を謳歌した中国・清朝。しかし中国のみならず、東アジアはその泰平のなか、同時期に西洋でおこっていた諸「革命」を体験しなかった。ひたすら量的な拡大ばかりで、質的な転換をみなかったというべきである。

「平和の世紀」だったことが、その原因かどうかわからない。というよりも、一八世紀の世界で、戦争と「革命」で「分岐」し、変貌をとげたのは、欧米のみだった。だからむしろ、そちらを異常・「奇跡」だとみるべきだろう。

中国はこの「平和」の時期、空前の好況を謳歌した。とりわけ都市の富裕層に奢侈《しゃし》安逸《あんいつ》の気風に満ち、文化も爛熟している。一昔前の日本の表現でいえば、「バブル」の世相であろうか。富民はいよいよ富み、貧民もそれなりに暮らしやすくなった。こうした景気の拡大で進行したのが、人口の増加である。

これは好況で暮らしやすくなると、中国史では必ずおこる現象ではあって、治世のバロメーターともいってよい。歴代王朝の興亡のサイクルをたとえば「一治一乱」という。その内容をみてみると、乱世の騒擾・不況のあとには、治世の好況と人口の増加が程度の差こそあれ、おおむね周期的に訪れている。しかしこの時期は、歴代の旧例とは情勢がやや異なっていた。

ちがったのは、増加のペースとスケールである。前後百年間で人口が四倍になった。ごく概数でいえば、一億から四億である。この時代であるから、爆発と称すべき急増ぶりだった。それほどの増加はかつてなく、中国史上空前といってよい。すでに述べたとおり、世界史上未曽有の西洋近代の経済力が作用したことによる事態である。

既存の開発地は、もはや住民がひしめき飽和状態にあったので、この人口爆発は多くの人々の未開地へ移住を不可避的にともなった。社会の動向はいよいよ流動性を増し、安定性を失い、治安悪化の温床はひろがってゆく。好況・繁栄がまばゆかっただけに、その翳は濃く暗いものにならざるをえなかった。

顕在化する矛盾

そうした情勢に対し、清朝の統治機構はみあった拡大・改編をしていない。おおむね一七世紀の規模・内容のままである。為政者・指導層にどうやら、手をくわえる気はなかった。かれらはいわばただ繁栄を享受していただけである。迫り来る問題を感知しなかったわけではあるまい。そうした改革をおこないうる政治力など、どこにも存在しないことを、無意識裡に本能的にわかっていたのだろう。

いずれにせよ、権力は社会を把握、統制しきれず、官庁は事案の処理機能を失い、民間ではいつしか、物理的な実力によってしか紛争が解決されえないような情況になった。極言すれば、政治や秩序などはほとんど存在しない、暴力のみがまかり通る弱肉強食の社会と化していたのである。それが一八世紀中国の平和と繁栄の末路にほかならない。

そうした潜在的な動向は、同じ世紀の末、ついに重大事件として現れた。一七九六年にはじまり、およそ十年にわたって続いた白蓮教徒《びゃくれんきょうと》の反乱である。この騒乱を皮切りに、中国は明らかな内憂外患の時代に入ったといってよい。これまでの繁栄の反動・後始末というべきであろうか。

そもそも新来の移民はよそ者で、元来の住民と折り合いのよくないものである。新旧住民の間で紛争・騒擾が生じるのも当然、古今東西いずれもかわらない。現今の世界情勢でも肯えるだろう。

そのさい、もとの居住民は既成の社会・既存の権力と関係が深いので、移住民の立場のほうが弱くなるのもめずらしくない。自ずから移民どうし、肩を寄せ合って相互扶助に及び、その活動が既成の権力・体制・組織に対し、反抗の形をとることもしばしばだった。かくて秘密結社が生まれ、その思想的紐帯は往々にして、既成の体制教学とは異なった、いわゆる淫祀邪教になってしまう。無生老母《むしょうろうぼ》の信仰と終末の救済を説く当時の白蓮教も、その一つだった。

白蓮教徒の反乱は湖北省・四川省・陝西《せんせい》省の三省の境界をなす山岳地帯におこっている。未開の山あいで隣接地方からの移住者・入植民の巣窟だった。しかも行政区画の境界地ということで、もともと当局の眼がとどきにくく、権力の手のおよびづらいところである。そこに白蓮教信仰で集う結社がひろがり、蜂起にいたった。

「匪賊の国」にて

いわゆる中国本土《チャイナ・プロパー》、つまりおおむね漢人の居住する地域の治安維持にあたる軍隊は、八旗《はっき》と緑営《りょくえい》である。前者は少数の要所に集中駐留する軍事力、後者は多くの地点に少数づつ散在した警察力とみればよい。ともかく一八世紀までは、こうした常備軍と、権力に反抗する秘密結社とが武力を専有し、それ以外の民間人は大した武装をしておらず、またその必要もなかった。ところがその情況は、反乱の蜂起を機に変わることとなる。

清朝政府は白蓮教徒の反乱の平定に十年近くもの時間をかけたものの、緑営・八旗の常備軍が鎮圧したわけではない。一世紀におよぶ平和に慣れ、武力としては使い物にならなくなっていた。士気も低く戦意もなく、連携も欠きがちだったのである。現地の緑営はほとんど役に立たず、派遣されてきた八旗も戦力にはならなかった。

反乱のおこった地域にいたのは、もちろん叛徒《はんと》ばかりではない。むしろ多かったのは、既成の秩序を守ろうとした住民のほうだっただろう。それならかれら自身に郷里の防御をはからせたほうがよい。武器をもたせ、訓練をほどこし、一種の自警団を結成させた。これを「団練《だんれん》」という。

ともかく、対策が功を奏して、一八〇四年に反乱の終結が報告された。しかしこれ以後、中国は明らかに、新しい時代に入ってゆく。

それまで常備軍以外に武装していたのは、反体制的な秘密結社だけだった。ところがこれ以後、民間一般もそうなったわけである。地域ぐるみで武装し、叛徒の移民がいれば、住民どうし殺戮しあう様相を呈した。

白蓮教の反乱は、それまで繁栄の下に蓄積されてきた社会の矛盾が噴出し、しかも従前の治安維持のしくみでは対処できなくなった事態をしめすものだった。露顕した反乱が収まっても、潜在するその母胎は依然として健在だったから、そうした事態を収拾すべく始まった地域・民間の自衛武装・「団練」化も、一つの事件が終結するだけでは終わらない。民間の兵器所持・武装化は、政府の制限規定をよそに増殖の一途をたどり、その社会状態は一八世紀までと性格を異にするにいたった。

「団練」も秘密結社も、武装化したローカルな社会集団である本質にかわりない。ちがいは政権に従順か否かだけである。その順逆が定まらなければ、治安の悪化と大小の騒乱の絶えざる生起が続かざるをえない。内の騒乱は外の脅威と結びつき、折しもプレゼンスを高めていたイギリスを筆頭とする西洋列強も、やがてそこに関わってくる。不可避の趨勢だった。

先達の鈴木中正《ちゅうせい》はそうした社会集団を、おそらくエリック・ホブズボームにならったのだろう、「匪賊《ひぞく》」と命名している。当時の中国における漢語でも、やはりそう称した。「不当な偏見を伴」いかねない、とことわりつつも、「十九世紀初以来の中国」の治安悪化と武装化社会を、あえて「匪賊の国と呼びうる」と位置づけている。曾国藩は好むと好まざるとにかかわらず、そんな「匪賊の国」に生まれた以上、それにふさわしい生涯を送らねばならなかった。

2　湖南

人口爆発と移民

すでに述べたとおり、一八世紀の好況を享受した中国は、同時に人口爆発の時代であり、移民の世紀である。そうはいっても、全土でそれが一律だったはずはない。人々の移住は、送迎の側いずれにしても難易まちまち、当然ムラがあって、地域の間でちがいが生じた。広大な中国のこと、その偏差はとてつもなく大きい。このあたり、同時代はいわゆる「鎖国」の江戸時

表1　清代人口推移

区域	省	1749年(万人)	1776年(万人)	1820-21年(万人)	1953年(万人)	年平均増加率 1749-1776(‰)	年平均増加率 1776-1820(‰)	年平均増加率 1820-1953(‰)
華北	河北(直隷)	1,311.1	1,720.9	2,198.5	4,191.5	10.1	5.6	19.7
	河南	1,334.1	2,315.0	2,749.7	4,324.4	20.6	3.9	13.8
	山東	2,409.6	2,790.2	3,232.6	4,926.6	5.4	3.4	12.9
	山西	950.9	1,226.2	1,433.9	1,621.4	9.5	3.6	3.7
	陝西	673.4	796.5	1,213.4	1,583.4	6.2	9.6	8.1
	甘粛	468.1	1,591.8	1,781.6	1,464.2	46.4	2.6	−5.9
華中	江蘇	2,097.2	3,243.6	3,943.5	4,129.3	16.3	4.5	1.4
	安徽	2,156.8	2,585.7	3,206.8	3,058.8	6.7	4.9	−1.4
	浙江	1,187.7	2,236.5	2,733.5	2,282.5	23.7	4.6	−5.4
	江西	842.8	1,878.3	2,234.6	1,661.4	30.1	4.0	−8.9
	湖北	777.2	1,617.3	1,948.2	2,745.3	27.5	4.2	10.4
	湖南	867.2	1,525.2	1,898.1	3,322.6	21.1	5.0	17.1
	四川	250.7	1,681.1	2,356.5	6,510.8	73.0	7.7	31.3
華南	福建	762.0	1,287.9	1,475.8	1,314.4	19.6	3.1	−3.5
	広東	636.9	1,844.5	2,140.5	3,447.0	40.2	3.4	14.5
	広西	384.0	766.2	946.1	1,788.4	25.9	4.8	19.5
	貴州	307.5	567.2	747.8	1,523.7	22.9	6.3	21.8
	雲南	194.6	788.4	1,029.9	1,762.8	53.2	6.1	16.4
	合計	17,611.8	30,462.5	37,271.0	51,658.5	20.5	4.6	9.9

代の日本人には、およそ想像もつかないスケールではある。

大きくみれば、南北で異なっている。好況とその動因をなしたマネーとしての銀は、主として海外貿易でもたらされたものだったから、人口の増加も、海外と直接つながる東南の沿海地域に著しい。そこは多く、すでに開発がすすんだ経済先進地域、人口も稠密である。移民を生みだし、まだ開発の手の及ばない人口稀薄な内陸地域、あるいは、海外に送り込んでいった。

黄河流域の北方各地、とりわけ太行《たいこう》山系以東は一面の平原で、この時期に人口が増えたにしても、おおむね自然増の範囲内とみられる。それに対し、南方はまったく異なり、全域で地形が複雑で、山がちな地方も多い。おびただしい移民はまず、人の住みにくいそうした山地にむかった。湖北・四川・陝西の三省交界の山岳地帯で反乱をおこした白蓮教徒も、その所産だといってよい。

人口増加で地域偏差が著しかったのも、そうした趨勢による。各省ごとの数字でみておこう。表はソース・基準の異なる数値を組み合わせたものなので、厳密な正確性は求むべくもない。中国の統計は今昔つねにそうではあるものの、おおまかな傾向を示すには、さしあたりさしつかえないだろう。

一八世紀半ばの増加率をみれば、北・西・南の内陸辺境にあたる甘粛《かんしゅく》・四川・雲南が突出していて、移民の殺到ぶりが一目瞭然。とりわけ一七世紀以来、人口の稀薄だった四川が著しい。

温暖肥沃な平原を抱えていた好条件もあっただろう。

また沿海の広東が目立っているのも、不思議ではない。イギリスとの貿易をふくむ海上交易で栄え、珠江《しゅこう》デルタ地方の開発もすすんだからである。その移民の多くは著名な「客家《ハッカ》」であり、のち曾国藩の生涯を決定する太平天国の母胎をなすとともに、ほかにも史上、名高い人物を多く輩出した。

しかしここでいっそう注目すべきは、隣接してそこへ移民を送り込む、いわば中継地をなす長江流域の各省、具体的には江西・湖北・湖南の三省であろう。数値だけみれば、上の内陸あるいは沿海の諸省に劣るものの、人口の増加率がなお高い水準を示しているからである。つまり、移民を送り出すのみならず、常にそれより多く迎えもしたわけで、こうした地域の流動性が最も高く、また治安も最も悪化しやすかったといってもよい。また内陸とちがって、政治・経済の中枢に近かった分、いよいよ重大だった。のちに大乱の舞台になるのも、納得できるところである。

地域の履歴

その三省のうち、最も遅く開けたのは、湖南省だといってよい。長江の中流に中国最大の淡水湖・洞庭湖《どうていこ》があり、この湖をはさんで湖北省と対して位置する。南方の南嶺《なんれい》山脈の分水嶺に源を発し、ほぼまっすぐ北流して洞庭湖に流れ込む長江の支流・湘江《しょうこう》が、主要な住地をなす盆地を形づくった。そこから湖南省はしばしば、この川にちなんで「湘」を別称とし、「湘省」ともよばれたりする。その中心は史上一貫して、洞庭湖沿岸と長沙《ちょうさ》一帯であった。

北に接する湖北省は、東西に長江の上流と下流につらなり、南北に中原と嶺南を結びつけ、いわば中国のヘソにあたる要衝の地であった。そのため史上、いくたびも登場し、とても有名である。はるか昔の三世紀はじめ、ここに拠った三国志の英雄・関羽《かんう》は、魏の曹操《そうそう》を脅かしたし、千年以上のちの一三世紀の末、ここを失った南宋は、モンゴルの軍門に屈した。二〇世紀の辛亥《しんがい》革命も、ここからはじまったのである。

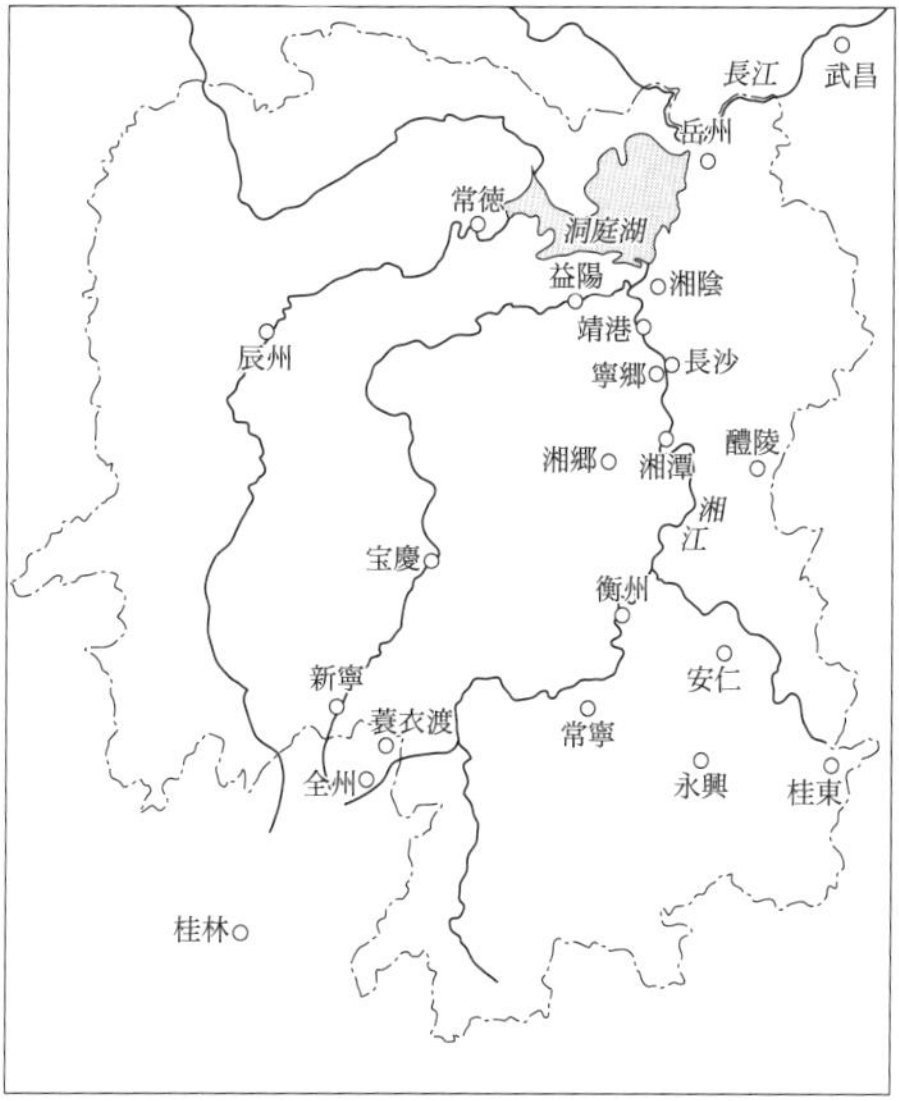

図3　湖南省の地図

　また東隣にあたる江西省は、経済先進地の江南と距離も近く、関係も密接で、並行して開発もすすみ、つとに産業も発達した。中国の代名詞といえば磁器、その名産地の景徳鎮は、あまりにも有名であろう。

そんな両省に比べれば、湖南は歴史的にみても、ほとんど目立たない地方だった。日本人が知るところも、必ずしも多くない。現在でこそ湖北・湖南と分かれているけれど、清代・一八世紀の前半まで、南・北は一体であって、関羽の昔は「荊州」、前代の明朝では「湖広」と称せられた。そして南は常に、北に附随する待遇しか受けていない。

湖南の首邑《しゅゆう》・長沙は、一九七〇年代に発掘された馬王堆漢墓《まおうたいかんぼ》で一躍有名になり、紀元前の前漢時代にあった長沙国も、話題になって注目を浴びた。けれども他地域と比べれば、古来「卑湿貧国の地」といわれ、湖南が自立していた史上の事例は、一〇世紀の五代十国時代、馬殷《ばいん》という人物が建てた楚《そ》という国くらいしかない。その楚国も争覇した列国のなかで最弱だった。

つまり湖南が開けてきたのは、ずいぶん後世になってからなのである。しかも登場するのは、華々しい政治的な役割・活躍ではなく、ごく地味な経済的文脈において、穀倉地帯としてであり、のちには中国第一の米穀産出地域となった。その出現のしかたも、やはり受け身的である。

中国南方の開発は、まず長江下流のデルタ地帯が先行した。沮洳《そじょ》地の干拓を通じた水稲栽培が普及して穀倉地帯となる。デルタ地帯の江蘇《こうそ》と浙江《せっこう》とをあわせ「江浙熟すれば天下足る」という諺もできた。およそ一二世紀・宋代のことである。

ところが明代から、その江南デルタが手工業地域になって、高度な商業化を遂げると、人口が大きく殖えたばかりか、農業に従事しない割合も高まったため、不足しがちな食糧を供給すべき別の穀倉が必要となった。なお農地開発の余地のあった湖南が、こうして浮かび上がってきたのである。

かつての「江浙熟すれば天下足る」は、明代・一五世紀以降には「湖広熟すれば天下足る」にかわってきた。湖北・湖南の米が稔れば、江南が満たされて、やがて「天下」の糧食も十分だ、というわけである。「天下」への重きは増しながら、なおしょせんバックアップの位置づけではあった。

命をかける湖南人

そんな湖南は、面積およそ二十万平方キロ。日本の本州とほぼ同じ広さになる。北緯二五度より三〇度の間にあり、沖縄とほぼ同じ位置ながら、気候は温和で、やはり本州によく似た風光で、山と海のちがいこそあれ、周囲から孤立していることも同じ。全面積の十数パーセントという可耕地の割合まで、日本と大差ない。しかも一五世紀以後に開発がすすんだということでも、日本とパラレルな履歴をたどっている。一九世紀はじめの人口規模でも、湖南が二千万、日本は三千万で、こちらも同じくらいのスケールだった。どうやら経済先進地の江南デルタを東西にはさんだ、地勢の似た後進地で、共通した歴史を有さざるをえない宿命だったのかもしれない。

「湖広熟すれば天下足る」といい、「天下」の食を支える穀倉地帯といえば、ずいぶん美しく聞こえる。しかし現実の場所をみれば、産業は農業のみ、一面の水田と農村だけの世界にすぎない。そこに居住し、ひたすら米作に従事する農民の辛苦など、誰も考えないものであり、エリート読書人は自ら身体を労さないだけに、とりわけそうである。空気と同じように、糧食も自ずとそこにあるものだ、としか思わない。

そんな米穀も、商品である。湖南の農民が価格を決められるわけではない。買い付けにやって来る商人に左右される。他郷から来るので「客商《きゃくしょう》」と呼ばれるこうした商人が、「湖広熟すれば天下足る」を支える地域の分業を結びつけ、成り立たせた有力な存在だった。実地の売買取引でも、生産者の農民の意向など、もとより一顧だにされない。かれらは貧窮のなかで、つねに精勤・労苦・忍耐を求められた。もちろん耕地にへばりついた農民なら、どこでも大同小異の境遇ではあろう。しかしこの時期、新開地の湖南が、とりわけそうだったことは、注意しておいてよい。

後進にして貧窮だった事情は、財政的にも確認できる。二千万の人口の湖南省に課せられた「田賦《でんぶ》」、つまり税収の大宗《たいそう》をなす土地税の徴収定額は、九十一万二千六百両ほどであった。この数字は江蘇・安徽・江西・浙江など、富庶をほこる江南各省のおよそ半額以下、同じ人口規模で隣接する湖北の定額百十四万両と比べても少ない。湖南より少なかったのは、広西・雲南・貴州・甘粛の四省のみである。いずれも内陸の山岳ないし乾燥地帯、いかにも貧しい地域ばかりだった。

こうした税収の定額は、清朝が統治をはじめた当初に決まったものだから、湖南は一七世紀には、中国本土《チャイナ・プロパー》十八省中、財力の最も乏しい省の一つとみなされていたわけである。それほどに貧しい後進地であった。時間が経過して、移民の開発がすすんでも、人口はそれ以上のペースで増加しただろうから、徴税の定額が湖南全体の実情に合わなくなっていたとしても、一人あたりの貧困そのものは、ほとんど旧態依然だったとみてよい。

そんな背景から、湖南人といえば不屈の「命がけ」、「湖南人は命を拚《なげう》つ」という諺は、「浙江人は官となり」「広東人は銭を出す」などとの対で、人口に膾炙した。官界で渡っていける浙江人・貿易で儲けられる広東人とちがって、湖南人は身一つの徒手空拳、要は命しか出すものがない。こんな気質も、以上の歴史的な背景を考えあわせると理解しやすいのではなかろうか。

かように後進的で貧困な湖南は、しかしまた中国近現代史のふるさとでもあった。中国共産党は毛沢東・劉少奇《りゅうしょうき》ら、湖南省出身の領袖たちが率いたし、さかのぼって初期の中国革命も、黄興《こうこう》・宋教仁《そうきょうじん》など湖南人が主翼を担っている。湖南の地じたいも時に、革新と守旧のせめぎあう舞台となった。一九世紀後半以降の中国史は、およそ湖南を抜きにしては語れない。目立たぬ経済的な裏方から、脚光浴びる政治革命の主役へ、華麗な転身ともいえる。湖南と湖南人を中国史上、そのように一変させたものこそ、ほかならぬ曾国藩およびその一派の事蹟なのであった。かくていよいよ、曾国藩本人のことを語る段になってくる。

3　曾家

湘郷のふるさと

曾国藩は湖南省湘郷《しょうきょう》県の人。附近の大きな都市といえば、省都の長沙からやや南、湘江をさかのぼった湘潭《しょうたん》。当時の湖南では、長沙に次いで著名な港町で、毛沢東の出身地としても、名が知られてきた。湘潭というこの地名は、ふるさとの湘郷と並んで、以後もたびたび出てくるので注意されたい。

毛沢東の生家はもちろん、商港としてにぎわった湘潭の町中ではなく、韶山《しょうざん》のふもとの山あいにある。曾国藩の生家も同じように、やはり湘郷県城から離れた、山深い農村にあった。白《はく》楊坪《ようへい》という。現在の婁底《ろうてい》市双峰《そうほう》県にあたる。

穀倉の湖南は、米のほかにも茶を産した。これも一〇世紀、五代十国のころから特産として知られていたし、この一九世紀の末には、輸出産業として大発展をとげたものの、ここ湘郷は純米作地帯である。

一八一一年の冬、曾国藩が生まれた時点で、実家は「百余畝」の農地をもつ地主だった。およそ七ヘクタールくらいにあたる。家族は八人、公式記録から概算すると、当時の中国全土・一人あたりの耕地面積は、およそ〇・一ヘクタールほどだったので、中小の地主だといってよい。おそらく数名の従僕や小作人はかかえていたであろうが、決して目立った豪家・名門というわけでもなく、土豪というなら、ほかにいくらでもいただろう。

そもそもこの一族は、ずっと科挙の合格者を一人も出してこなかった。科挙はいうまでもなく、当時の官吏登用試験である。儒教の崇高な倫理・教養を体得したことを証明すべく、優秀な子弟はこれに応じて、高潔な人格で「治国・平天下」をめざすのが一般通念であった。もっとも科挙には、そんな美名の建前とともに、切実な本音がある。試験に合格して、税の減免など特権を有する身分にならねば、財産を守り殖やすことが難しい。曾家はそのため一貫して、身分的には庶民と何らかわらぬ、成り上がりの富農といって過言ではなかった。「庶民家族」と呼ぶ向きもあるくらいである。

図4　毛沢東

かつての中国では、ひとかどの一族であれば、その成員の来歴を記した「族譜《ぞくふ》」というものを書き継いでゆく風習があった。その記載によれば、曾家は宋代に江西から移住したというから、五百年にわたって湖南で暮らしてきたことになる。しかしそのあたりは、曾家が栄えてからのいわば後付け、伝承の域を出ない。一七世紀の半ば、明清交替の時期に湘郷へ移って来た、というのも同断だろう。

それなりにリアリティがあるのは、やはり移民が江南で加速しはじめる一八世紀になってからであって、曾国藩から五代前の曾貞楨《ていてい》が「基業はじめて宏し」と称えられている。どうやら富裕にはなった。しかしかれ以後、必ずしも名の知られる一家となってはいない。

父祖

曾国藩の祖父を曾玉屛《ぎょくへい》といい、この曾貞楨の曽孫にあたる。曾国藩の家は事実上、この祖父が興したものだった。もとより一族の援助もあっただろうが、かれの一手・一代で相当規模の地主となったらしい。

孫の書きとめたその自述によれば、若いころは放蕩児、湘潭の繁華街を仲間と遊び歩いていた。三十五歳にして一転、頓悟改悛して農耕に精励、山あいの梯子のような斜面地を切り開き、岩石をうがって、棚田状の水田を造設し、さらに豚の畜産・魚の養殖も手がけたという。

以上おそらくは一九世紀はじめのころ、開墾がうまくすすんで、自身も農業がおもしろくなったのか、すっかり篤農家に転身をとげた。「蔬菜《そさい》は手づから植えて自ら収穫してこそ、いよいよおいしいものだ。物事は自分で苦労して得てこそ、いよいよゆるぎない成果となるものだ」など、格言まで残すようになっている。

その曾玉屛、農事にうるさい半面、社交にもまめまめしく精励した。近隣にもめ事があると、仲裁を一手にひきうけるとともに、文人名士を好んで招き入れている。このあたりは、富民ならごく標準的な地元での行動様式であろう。成り上がった一家一族の上昇ぶりを反映したもので、何も曾玉屛にかぎったパーソナリティではあるまい。むしろ当然の所為だったといえる。

もっともそこに巧拙、成否はあった。浮上した一族がそのまま存続、発展してゆくためには、種々要件がある。この場合の曾玉屛は、いわばそれをクリアできた。かれ自身の努力・達成もさることながら、やはり子孫が優秀だったからである。さもなくば、おそらく興した一家を支えることも、自分の事蹟を後世に伝えることもかなわなかった。

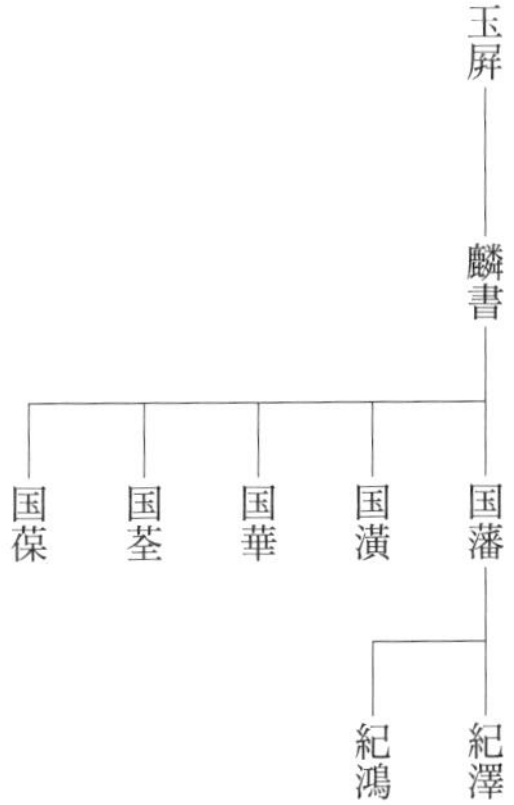

図 5　曾家略系図

富民になった以上、その財産を保全し、さらに殖やすためにも、科挙の合格はやはり既定路線である。

それを欠いては、地元での声威も保てない。曾玉屏じしんが「学問の機会をつとに失い、壮年になってひどく恥ずかしかった。せめて子孫にはいい師傅《しふ》につかせるようにした」と述懐したのも、当時の通念・慣例から首肯できるところである。

激しい性格だったかれは、かくて息子に期するところ大きく、厳しく勉学を督励した。衆人の眼前で面罵することも少なくなかったという。

こうして育った息子の曾麟書《りんしょ》は、しかし孝順で温和な性格を持しつづけた。むしろ鈍重というべき人物であって、そんな資質だったからこそ、父親から絶えず圧力を受けなくてはならなかったし、また反面、そんな仕打ちに耐えつづけることもできたのであろう。おそらくは自身の凡庸な才質をよくわきまえた挙措であって、そんな藝当をやりおおせた曾麟書は、凡人にして非凡だったといえるのかもしれない。

かれは自ら科挙にとりくむかたわら、一八一七年・二十八歳のときから家塾を開いて、子弟をあつめ教学をはじめた。おそらく自身よりはよほど明敏そうな嗣子に将来の望みを託し、早期の英才教育を施すためであろう。翌年から父子は師弟として、そろって受験勉強に勤しんだ。

そんな曾麟書が科挙の予備試験である童試《どうし》にうかって、生員《せいいん》の肩書をえたのは一八三二年。十七回目の受験のすえの合格だった。「生員」とは学校の学生というくらいの字面ながら、科挙の本試験を受ける資格だとみたほうがよい。この肩書・資格を有するだけでも、一般庶民とはまるで異なる高い地位なのである。ときに四十三歳、ようやく初老になってからの達成だが、これで曾家も故郷で確乎たる地歩を固めるにいたった。

曾子城

開拓農民から地主、富農からエリートへ、家門を上げ地元の名士になりおおせた一家の興起。曾家の事例はこのように見てくると、流動化の時代に移民の地で生じた、あたかも当時の中国・湖南を象徴する一典型だったともいえる。もっともここまでなら、そうした浮上が可能だった条件のそなわった時・場で生じた、ごくローカルな、またおそらくはありふれた成功譚にすぎない。

ほかならぬ曾家に、凡百の成り上がりとは隔絶する出来事があいついだのは、むしろここからであって、いわば三代目の転機である。それも一族のうち、ただ一人をめぐってであった。

その名は曾子城《しじょう》。曾麟書の長子にして嘉慶十六年（一八一一）の生まれ、ようやく主人公・曾国藩の登場である。ただ「国藩」と改名するのは、上京して後のことなので、生まれ育った湖南にいた青少年期は、原名の「子城」で呼んでおきたい。

四歳で四書五経の諳誦をはじめ、五歳で先生について漢字をおぼえた。八歳から家塾に入り、父の薫陶で優秀な資質を伸ばしたのか、翌年には五経を読破し、いよいよ科挙の受験勉強にとりかかったという。こう書くと、ずいぶん早熟で猛勉強のようだが、当時としては決して異常ではない。ごく通例の受験準備であって、もっと極端な事例は少なくないだろう。

二十歳になると、家塾から出て、他郷の別家に就学し、翌年には湘郷の町にある漣濱書院《れんひんしょいん》に入学した。そこでも俊才を謳われている。この年に自ら号《よびな》を「滌生《てきせい》」とあらためたのは、他流での勉学で期するところがあったのだろうか。ともかく、それまでの生涯を滌《あら》って一新、再出発する、という字面の意味ではある。

嘱望

父親にして師傅の曾麟書が生員になるのがその翌年の一八三二年、ところが息子にして門弟の曾子城は、一八三三年の童試に合格した。同じく生員の肩書を得たのは、父に遅れること、わずか一年である。

かくて父子そろって、めでたく身分が上がった。息子のほうは、これを機に結婚もしている。妻は欧陽氏。父の友人の娘だった。岳父はつとに曾子城の才に讃歎し、婚約をすすめていたものである。

その功徳だったのか、曾子城は翌年の郷試《きょうし》にも合格した。年齢はまだ二十四、あっという間に師父を追い抜いてしまう。岳父の見こんだとおり、やはりたいへんな秀才だった。いよいよ期待も高まる。

郷試とは科挙の第一次本試験で、三年に一度、秋に各省の省都でおこなわれるもので、湖南省の会場はもちろん長沙であった。これに合格すると、挙人《きょじん》という学位を授与され、明春に首都の北京で開催される会試を受験できる。

生員ならまったく地元の名士といった趣、中国史上にいう「郷紳《きょうしん》」、すなわち在地エリート・名望家の大多数をしめる人々で、これより以後でも、百三十万人に満たなかったから、四億を優に超えた全人口の〇・三パーセントくらいだった。生員は予備試験をへて、科挙の本試験を受けられる。そこから合格してゆくのが、また容易ではなく、実際に挙人以上の学位を有した人々は、生員の十分の一、十万人あまりにすぎない。毎回の郷試の合格倍率は、およそ百倍という狭き門だった。

それでも挙人は、まだ途中段階である。たび重なる試験を突破した科挙の最終合格者を「進《しん》士《し》」といい、合格者数は毎回平均およそ二百名、たいへんな難関だった。しかし挙人までできたなら、進士をめざすのが当然である。生員からすぐ挙人となった曾子城も、やはり例にもれない。

上京

郷試にうかったかれは、そのまま長沙に滞在して、嶽麓《がくろく》書院に入った。嶽麓書院は北宋の初め、一〇世紀末に設立された由緒ある学院で、南宋の大儒にして朱子学を大成した朱熹《しゅき》も講学したという、名門中の名門である。その著名な名門校で修学したのは、もちろん来春の上京応試にそなえるためだった。

曾子城は翌一八三五年、進士をめざして一途上京、しかしはじめての会試受験には失敗する。一度の挑戦で突破できるほど、生易しい試験ではない。

もちろん本人もくじけてはいなかった。この年の暮れ、かれの詠った「歳暮雑感」十首は、数ある評伝が必ずといっていいほど、引用する初期の詩作であり、その若き志を映し出している。ここでも先達の顰みにならい、一首みてみよう。

為臧為否兩蹉跎
搔首乾坤踏踏歌
萬事拚同駢拇視
浮生無奈繭絲多
頻年蹤迹隨波譎

臧《ぞう》為《た》り否為り、兩《いづ》れも蹉跎す
乾坤に搔首《そうしゅ》して、踏踏と歌ふ
萬事拚同《べんどう》せり、駢拇《べんぼ》もて視る
浮生奈《いか》んともする無し、繭絲《けんし》多し
頻年《ひんねん》の蹤迹《しょうせき》、波譎《はけつ》に隨ひ

大半光陰被墨磨　大半の光陰、墨磨《ぼくま》に被《おほ》はる
匣裏龍泉吟不住　匣裏《こうり》の龍泉、吟じて住《や》まず
問予何日斫蛟鼉　予に問ふ何日ぞや、蛟鼉《こうた》を斫《き》るは、と

この一首は「十首」のうち、ちょうど中ほどに位置する。上京にあたって駆られる望郷の念からはじまる「雑感」は、ふるさと湖南ゆかりの「洞庭湖をひと呑み」、「君山をも削ってやる」と雄々しく会試に臨む抱負を述べたあと、合格かなわなかった失意に転ずるシーンにさしかかる。

良かれ悪しかれ時節を失った。情勢に焦るばかりで歌うほかない。何もかも一気に押し寄せ、限界を超えている。浮き世のどうにもならぬこと、たくさんの繭糸がからみあったよう。年来やってきたのは文章表現の工夫ばかり。人生の大半は筆墨とともにある。いまも天下をとる剣になると思って、携えて来た。その剣がわたしに、いつ崛起《くっき》するのかと問うてやまぬ。

大意はおおむねこんなところだろうか。会試に合格できずに落胆しながらも、勉学に捧げてき

た自身の来歴・青春を思い出し、あらためて奮起、漢の高祖《こうそ》が剣で蛇を斬って決起し、天下を平定するにいたった故事と自身の心情を重ね合わせた。この手で天下を安んじようという気概をあらわす、黄遵憲も語った壮大な詩文のスケールは、すでにその片鱗をみせている。

そうはいっても、この時はまだ大学卒業くらいの年齢で、受験勉強しかしてこなかったから、世情を何も知らない青年の客気《かっき》といってよい。科挙に立ち向かうその前途に何が待ち受けているか、若き曾子城には、まだ知るよしもなかった。

II 北京

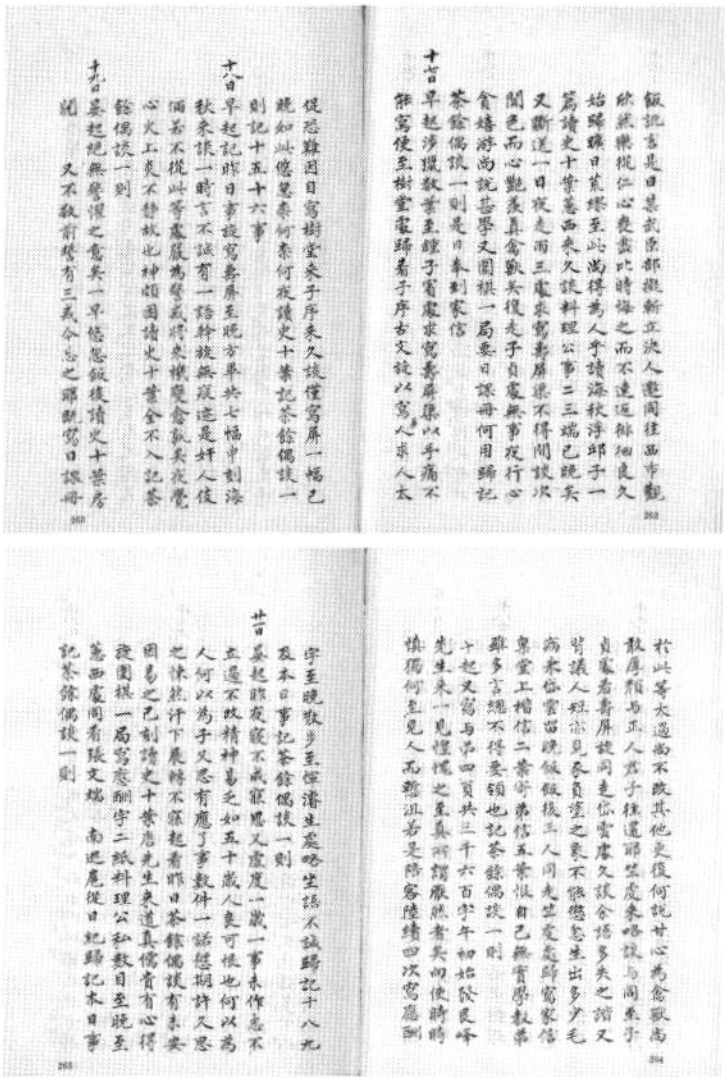

図6　曾国藩の日記（道光22年12月19日．41〜42ページ参照）

1 赴任

合格

会試に通らなかった曾子城は、そのまま在京して、同郷施設の長沙会館に滞在することにした。通例は三年に一度の会試ながら、このたびは次の年、一八三六年・道光十六年にも開催の予定だったからである。皇太后の還暦を祝賀しての「恩科《おんか》」で、挙人には幸運なめぐり合わせというべきだった。曾子城もその一人、そのために滞在を続け、もちろん受験する。しかし残念ながら、今回も合格はかなわなかった。

次の会試は二年後になる。さすがにいったんは湖南にもどって、捲土重来《けんどちょうらい》を期すほかなかった。しかし科挙を受験する経費は自辨であって、実家も余裕はない。上京の旅費も借金でまかなっていた。帰郷は江南に下って長江を遡行する旅程である。その途上、同郷先輩の県知事から百両を借りたうえに、南京で「二十三史」を購入したさいには、服まで質入れしなくてはならなかった。

道光十八年(一八三八)、今度は常例の会試開催で、上京も二度めである。やはり借金でまかなうほかなかった。親戚の商人にまで頼みこんで借り集められたのは、銅銭で「三十二緡《びん》」。一緡は銭一千文で、いまの日本円だと二～三万円くらいだろうか、それも都に着いたときには、わずかに「三緡」しか残らなかったという。

手許不如意のなかでの会試受験だった。しかし故郷で落ち着いて、勉学に沈潜できたからだろうか、あるいはたび重なる借金で、背水の陣と覚悟を決めたからだろうか、ともあれ三度目の正直、めでたく合格を果たしたのである。

科挙は北京の会試に合格すると、そのまま天子が宮中で主催する殿試《でんし》を受験し、その成績が決まる慣行となっていた。成績のランクは大きく三つに分かれ、この時期の平均では、第一甲《ランク》はトップ三名、ただちに天子直属の学問所・秘書室の翰林院《かんりんいん》に入る。第二甲は第四位からおよそ八十名、第三甲はそれ以下、およそ百名。三種それぞれ正式の称号は異なっていたものの、いずれも「進士」と称するのが通例で、新進知識人エリートの頂点に立つ人々であった。

その第三甲の百名余のうち、わが曾子城は第四二位の成績である。そうすると、殿試が終わったあと、四月の末に再試験を受けなくてはならない。これを「朝考」といい、第二・第三甲の人々から有用な人材を、翰林院に残そうとする目的の試験であった。翰林院は「儲才《ちょさい》の地」といわれ、高級官僚候補の英才を天子・政権中枢の近くでプールしておく場であって、そこに入れば将来の顕官が約束される。

図7　道光帝

苦しい試験の連続ではあったが、ここで有終の美を飾ったというべきだろうか、曾子城はこの朝考で第三位の成績をとり、天子の道光帝はあえて第二位に引き上げた。朝考の成績上位三名は、翰林院に残って「庶吉士《しょきつし》」という見習いとなって、勉学につとめるよう求められる。最終的な任官はその三年後、見習いの卒業試験「散館考試《さんかんこうし》」をへて決まるしくみであった。

つまり曾子城は、中国で「人生最大の会心事」と数えられる科挙の突破をはたし、進士の学位を得たのみならず、翰林院庶吉士として朝廷で研修勤務につくことにもなったわけである。湖南の田舎から出てきた書生が一躍、超エリートにのしあがったといってよい。ときに二十八歳、栄誉きわまることだった。

「国藩」と改名したのはこの年、「子城《でじろ》」ではもはや軽すぎる、「国家の藩屏《まもり》」とならなくては、という自負であろう。名実ともに曾国藩の誕生であった。

曾国藩は同年五月二日(六月二三日)、朝考合格ののち、天子の謁見を賜って、正式に翰林院庶吉士を拝命する。のち数ヵ月ほど在京すると、休暇をもらって帰省した。まずは故郷に錦を飾るというわけである。いままで世話になった方々には、本格的な赴任転居に先だって、失礼のないよう挨拶をしておかなくてはならないし、また受験で負った借金も返さねばならない。

帰省して年が明けると、曾国藩はさっそく縁戚の人々・地元の要人などに挨拶回りをはじめた。進士というだけで、すでに偉すぎる。ましてや中華文明の粋を集めた、天子直属のアカデミーの文臣とあっては、光輝きわまる身分だった。郷土の誇りである。そんなお方の光臨とあれば、訪問先ではどこでも大歓待の宴会になった。

宴会にはご祝儀がつきもの、たくさん出る。半ば慣例になっており、曾国藩の挨拶回りは、これをあてこんでのものだった。そもそも借金を厭わずに科挙の試験に応じるのも、合格のあかつきにはそれ以上の見返りがあるとみての投資だし、また合格祝いを出すほうも、さらに後年の関係と便宜を期待する献金にひとしい。お互い納得づく、ごく自然な行動であって、何ら後ろめたい、さもしい行動ではなかった。

筆マメな曾国藩は「家計簿」さながら、その収入を克明に記してくれていて、歴史家にはとてもありがたい。かれの記述にもとづいて、その生活ぶりを復原する研究はつとにあって、近年も詳細な著述が出ている。

それによれば、この年の収入はおよそ銀二千両だった。肉体労働者の月給は当時、二両に満たないくらい、銀一両に数万円の価値はあろうから、二千両なら一億円にも及ぶ、かなりの金額である。現代日本ならさしづめ一昔前にくりかえされた、政治家の献金パーティでの荒稼ぎに近い。けれどもそれまでの出費・投資・借金と相殺されてなくなったのであろうか、再び上京の途につく曾国藩は、またもや二百両の借金をしている。

ひととおり挨拶回りを終え、赴任の準備をすすめる曾国藩は、息男を授かった。のち著名な外交官となる曾紀澤《きたく》である。しかしどうやらゆっくり対面する暇もなかったらしい。誕生と同日の道光十九年十一月初二日(一八三九年一二月七日)に北京へ向けて出発した。明くる年の正月二十八日(一八四〇年三月三日)に北京到着。いよいよ官僚としての人生がスタートする。

生活

まずは「庶吉士」の卒業試験「散館考試」である。実施は道光二十年四月十七日(五月一八日)、翌日に成績発表があり、合格者は四十六名、一等は十七名、二等二十六名、三等七名、わが曾国藩は二等の第十九位で、これで翰林院検討という官職に任ぜられた。従七品という下級の品階ながら、ようやく正式な翰林院の一員になり、エリート中央官僚としての地位身分も安定する。

この年の十二月、父親の曾麟書が湖南から、妻子と弟の曾国荃《こくせん》をつれて来た。曾国荃は十三下の十七歳、兄に就いて受験勉強するための上京である。北京の一家の新たな門出、数え三十の曾国藩にとって、文字どおりの「而立《じりつ》」だったかもしれない。

道光二十年・西暦の一八四〇年といえば、現代中国の公式見解でアヘン戦争がはじまった年にあたる。南方の不穏な情勢は、若き曾国藩も感じていた。明けて道光二十一年の日記や書翰に、しばしば記述がみえる。その年の四月には、かつて天子の特派を受け、広州でイギリスとの折衝をすすめていた高官の琦善《キシャン》が、罪を得て北京に護送されてきた。そんな出来事も祖父あての書翰に記している。

とはいえ、年齢はまだ数えで三十、「而立」したてでは、まだまだ若輩にすぎない。士大夫《したいふ》のめざす「治国・平天下」、天下国家の経綸など、遠い将来のこと、いまは「修身・斉家」の段階であった。八月の上旬には、北京宣武門の南、縄匠胡同《じょうしょうフートン》の広い借宅に移って、一家ようやく落ち着いたものの、家計のやりくりは常に苦しく、上京以来の借金生活は続いている。

中国では古来、天子のお膝元で仕える「京官」、つまり中央官僚のほうが、圧倒的に権威声望が高い。けれども収入は少なかった。地方官のほうがずっと実入りは多い。搾取すべき庶民に近いからである。

中央・地方にかかわらず、官僚の法定正規の俸給は、ごく低く設定されていて、これだけで

表2　道光21年の収支

収入		支出	
費目	金額(両)	費目	金額(両)
俸給	129.95	住居	97.87
外官餽贈	98.57	衣服	34.44
借金	167.73	交際	128.88
貯蓄から補塡	212.21	外出	50.58
		文化消費	61.20
		日常生活（使用人雇用費を含む）	176.14
		故郷の家族関係	59.35
	608.46		608.46

はとても生活できないのが通例である。そこで地方官は、人々からことあるごとに、不正規な附加税や賄賂などをとりたて、首都の官僚たちはその地方からあがってくる税収や贈与に頼って、生計をたて富裕になる、というしくみになっていた。

しかしそれは不正規だった以上、しょせん均等公平は求めがたい。時と場合によって、高下厚薄のちがいが著しかった。当時の曾国藩のような下級の「京官」にまで潤沢な献金がまわってくる機会は、決して多くない。やはり筆マメなかれの日記から、当時の家計も復原できる。

とにかく当時の曾国藩としては、家庭生活で悩みはつきない。同居していた弟の国荃も、目的の勉学が伸び悩んだのか、ホームシックでたまらなくなったのか、しきりに帰郷を言い立て、翌年には北京を辞してしまった。どうもこの兄弟は性向が正反対で、それがうまく働くこともあれば、衝突をもたらすこともあって、以後の二人の人生をも左右したものである。

学問

湖南に去った弟・曾国荃は、いずれあらためて登場いただくとして、兄のほうは筆マメなところからわかるように、ひたすらマジメ、とかく思いつめる傾向が強かった。弟の挫折帰郷も、自身の学習指導によろしきを得なかったため、と反省の辯をつづっている。曾国藩はいっそう自身の学問・修養を深める決意をするとともに、いよいよ内省的になっていった。

当時の北京は政治の首都ではありながら、学術・文化の中心というにはほど遠い。それでも、湖南の山中から出てきた田舎書生・曾国藩にとって大都会である。しかも科挙の受験勉強ばかりだった身であれば、見聞する学藝はごく新鮮だった。

まず専心したのは、根強い人気のあった桐城派《とうじょうは》の古文である。百年前あたりに安徽《あんき》省桐城県出身の方苞《ほうほう》らがはじめた文体・技法で、考証学のこまごました訓詁や駢文に多用する美辞麗句を排して、唐宋八大家の質実な文章をモデルにしていた。山出しの曾国藩の好みに合ったのだろう。

もっとも当時の桐城派の文章は、すでに百年をへて形式主義に流れつつあった。曾国藩はそ

図8　唐鑑

んな傾向に慊《あきた》らない。桐城派の本意にたちかえって、いっそう典雅で雄大、実用的で暢達な文体をこころがけた。そのとりわけ散文が平明にして達意なのは、若き日のこうした修練のたまものであろうか、唐宋八大家に擬した「明清八大家」の一人に数えて絶賛する向きもあった。ともあれ文学史上、清末の「古文」「桐城派」といえば、まず曾国藩に指を屈することになっている。

　こうした文章を好んだ性向の必然的な帰結というべきか、修学も当代主流の考証学よりは、宋学のほうに傾いた。当時の考証学は「実事《じつじ》求是《きゅうぜ》」といいながら、古典の語句の穿鑿《せんさく》ばかりに精力を費やして、自己の修養から天下の経綸にいたる元来の目的を忘却しつつあり、あらためて「学べば聖人になれる」という宋学への関心も高まっていたのである。北京にはその先達がいて、曾国藩も深く感銘を受けた。なかんづく「北京の徳望第一」と激賞した唐鑑《とうかん》に師事したのが決定的で、実践を旨とする宋学に打ちこむ。一生の学問の根柢もどうやら、このあたりで固まった。

克己

そればかりではない。聖賢をめざす宋学の実践もつきつめようとした。門下の先輩に、モンゴル旗人の倭仁《わじん》という人物がいる。のち天子に学問を講じる文臣として重きをなしたかれは、当時みずからの言動を日々つぶさに記録し、厳しく反省する生活を実行していた。マジメな若き曾国藩は、この先輩に倣って自身を鍛えなおそうとした。

子敬(何紹基《かしょうき》)と囲碁を一局。過日、樹堂(馮卓懐《ふうたくかい》)の勧めにしたがって戒めたはずが、もう違背してしまった。自分から言い出したのに、誠意も何もない。帰宅後、閨房《けいぼう》直行。これでは大悪にほかならぬ。……禁煙は誓って一ヵ月、何とか続けているので、今後は三戒を心がける。一に禁煙を続行、二に妄言を控え、三に閨房を敬遠すべし。日々三省、慎むべし、慎むべし。十一月十六日(一八四二年一二月一七日)

帰宅後、艮峰《こんぽう》(倭仁)先輩の日記を拝見、わたしあてに書き込みがある。一読して冷汗三斗、心身そっくり新旧入れ換えるべしとの教え、この上ない薬石《やくせき》の言。先輩の日課をみると、常に戒懼の意識をおもちで、疎漏にして無警戒なわたしなど、足許にもおよばない。十一月二十六日(一二月二七日)

朝寝坊とは、まったくたるんでいる。早朝を無にした。食事後、読史十葉、また閨房へ。

前に誓った三戒をもう忘れたらしい。日課として書き込みながら、こんな大過を改められぬようでは、ほかは推して知るべし。かように甘んじて禽獣同然となりながら、なお厚顔にも正人君子と交際できようか。十二月十九日(一八四三年一月一九日)

以上、道光二十二年の日記に残るその痕跡の、ごく一例である。こうした記録を「日課」と称して、同門グループの間でたがいに交換し、批評しあった。

日記は人にみせるのが普通だった当時の中国でも、夫婦間の秘事まで槍玉にあげるのは、さすがに常軌を逸している。マジメの昂じた克己、ひいては自虐といってよい。若気の至りとはいえ、その性格・信条をよくあらわす記録ではある。

以後このように極端な克己・自虐の記録は、ひとまず影をひそめた。それでも、かれ一流の自省癖と禁欲癖は生涯、離れることはなく、その文章のいたるところに見え隠れするし、またリアルタイムでは言動・物腰にもあらわれたことだろう。

こうしたストイックなマジメさは、当時一般の規格外ではあって、かれのカリスマ性を醸し出すゆえんでもあった。それで後世に名が残ったのであるなら、「修身」の本意にかなわなくとも、若き日々の努力はひとまず無駄ではなかったといってよい。

2 栄進

大考

曾国藩がいかに本気で聖賢をめざしたとはいえ、日常・暮らしの場は官界、まぎれもない俗界である。したがって俗事をはたさねばならない。マジメなだけに、理想と現実のギャップに堪えかね、心身もたない、とこぼすのも無理はなかった。

身は翰林院検討という駆け出しのエリートであれば、そのつとめはまぬかれない。曾国藩の場合は、まず「大考《たいこう》」という昇進試験であった。

これは学問に専心するアカデミー・翰林院の下級若手官僚に対し、勤務の評定とポストの昇降をおこなう必須の試験である。数年おきながら不定期の開催で、道光二十三年三月十日(一八四三年四月九日)に決まった。

試験は誰しも好まない。抜き打ちならいよいよ。今回の大考は、「だいたい六年に一度のはずなのに、まだ四年しか経ってない」、「みな恐慌不安」だった、とは曾国藩じしんの述懐である。

当の本人はといえば、日記によると、その開催を知ったのは、わずかに四日前。「驚惶《びっくり》」してアタフタと準備をしてはみたものの、前日は緊張でとても安眠できなかった。当日は会場の円明園《えんめいえん》の正大光明殿《せいだいこうめい》で本番、ところが「一大錯誤」を犯したと知って、「後悔先に立たず」。翌日、帰宅しても「内人《つま》と兀坐《ぼうぜん》」、動揺惑乱してまた眠れなかった。とにかくマジメなのである。

その二日後に成績発表。受験者百二十名あまりのうち、意外にも第六位という好成績だった。思いがけない結果に、かえって恥じ入ったものの、とにかくめでたい。翌三月十四日(四月一三日)、道光帝の引見があって、直々に翰林院侍講《じこう》を拝命する。曾国藩の生涯はこの幸運から、また大きく動きだした。

侍講

侍講は従五品の品階、勅撰の典籍を編んだり、儀礼にあたっての詔勅などを起草する翰林院では、いわば助手的なメンバーにあたる。もちろん文教事業、なかんづく科挙と関係が深い。地方各省で開催する科挙の試験官は、多くこの「儲才の地」から全国へ派遣されたからである。

もとより曾国藩も、例外ではない。かれはやがて四川の郷試の正考官、すなわち主任試験官として、成都に出張を命ぜられる。七月のはじめに出発、一ヵ月ほどかけて成都に到着、八月四日から翌月二十一日までの滞在だった。その間に郷試を実施、とどこおりなくすませたようで、帰途は旅行を兼ねつつ、二ヵ月を費して帰京した。十一月二十一日(一八四四年一月九日)に復命している。任官して最初にやりとげた仕事といってよい。

この昇進と出張によって、曾国藩の身分と生活もようやく安定した。とかく収入の少ない下級の京官は、地方出張は一攫千金の好機であり、翰林院のメンバーはそれがたとえば、郷試開催にあたる。

曾国藩の借金は大考以前に、四百両にのぼっていたし、翰林院侍講への昇進にまつわる社交応接で、さらに百両以上の出費があったらしい。そんな負債も今回の四川出張で完済、かててくわえて「銀千両」を故郷に仕送りもした。もはや家計の心配はいらない地位にのぼっていたわけである。

収入ばかりではない。科挙の試験は人的コネをつくるにも、絶好の機会である。「同年」と称する同期の合格者どうしの、いわばヨコのつながりなら、われわれにもわかりやすい。科挙で独特だったのは、「同年」ばかりか、試験官と合格者の間にもタテのつながり、一種の師弟関係が生まれたことである。合格者にとってみれば、自分の答案・真価を認めてくれた知己ということになるからで、たがいに「座主《ざす》」「門生」と呼び合って、縁故を保ちつづける慣習であった。

それはまた濃密な交際・贈答をともなうので、とりもなおさず公的・私的な党派にも、金銭の吸い上げポンプにも転化し、有力な政治的資産になりうる。今回の四川郷試は、それまで朋輩の「同年」、高官・天子の「門生」でしかなかった曾国藩が、逆に「座主」となりえた機会でもあった。

派閥

科挙の最終試験は「殿試」という。皇帝・天子が宮殿で主催し、試験官をつとめたところからの命名であり、そのため科挙の難関を突破した進士は、みな「天子の門生」と位置づけられ、皇帝・王朝に忠誠を誓うしくみになっていた。もっとも当時、それはもはや建前にすぎない。殿試は一日で終わり、また不合格者を出さない、順位を決めるだけの形式的な試験である。現実でいえば、殿試に先だつ会試の試験官が、新進士の「座主」にひとしい。

曾国藩にとってその「座主」にあたるのは、道光十八年の会試で総裁の試験官をつとめた穆《ム》彰阿《ジャンガ》である。かれは満洲旗人《まんしゅうきじん》にして、このとき軍機大臣・翰林院掌院学士《しょういんがくし》、つまり宰相であり、また翰林院のトップでもあった。道光帝の寵遇も厚い。そんな人物だから、「穆党」つまり穆彰阿一派と呼ばれた「門生」たちは数多い。そのなかで曾国藩に対する穆彰阿の肩入れは、並々ならぬものだった。

かの道光十八年の殿試突破のあと、翰林院残留のかかった「朝考」で、曾国藩が第二位になったのも、またその五年後、「大考」の答案作成で失敗しながら、成績がよかったのも、どうやら穆彰阿の影響力によるものらしい。曾国藩が日記に記すところでは、大考の成績発表の翌日、天子への拝謁・昇進の拝命をすませると、さっそくその午後、穆彰阿を訪問しており、後日その求めに応じて、ほかならぬ大考の答案の詩賦を献呈した。こうした行状をみても、曾国藩の重なる抜擢に、穆彰阿の意向がはたらいていたのは、どうやらまちがいなさそうである。

穆彰阿が数ある「門生」から、とくに曾国藩を見込んで厚遇するにいたった理由は、よくわからない。前途有為な才幹を見いだしたのは当然ではありながら、それ以上に好ましく思ったのは、善かれ悪しかれ、生一本のマジメな性格ではなかっただろうか。

ともあれ科挙に合格して官界に入っても、通例なら県知事あたりをふりだしに、転々と各地の府県を渡り歩くのが精々だった当時でみれば、曾国藩はスピード出世、超エリートである。それも「座主」穆彰阿のおかげとあらば、やはり厚恩を感じざるをえない。その恩義は終生、忘れなかったという。

順風

かくて社交・贈答、あるいはコネ・派閥がからみあうなかで、一人前の京官としての生活・行動がようやく板についてきた。北京着任当初の不安・内省の期間を過ぎ、昇進を果たした曾国藩は、もはや以前とは異なる存在になっていたといってよい。その任務をこなすなかで、自分なりの地歩を築いていった。

典型的な事例がある。道光二十四年四月十六日(一八四四年六月一日)、北京で開催された恩科の郷試の試験官に任ぜられた。曾国藩自身にとっては、四川に続く拝命である。自身の門生がいっそう増えたのは当然ながら、その一人に会試合格の「同年」だった安徽省合肥《ごうひ》出身の李文安《りぶんあん》の息男がいた。名を李鴻章《こうしょう》という。当年二十二。

曾国藩は翌年の三月、同じ恩科で今度は会試の試験官の一人となる。くだんの李鴻章は惜しくも、その会試には通らなかった。そのため、そのまま北京に残留、「座主」であり父の「同年」でもある曾国藩の邸宅に住み込みで勉学に励むことにし、名実ともに師と仰ぐ間柄となる。

そのかいあってか、李鴻章は二年後、次の会試・殿試にめでたく合格し、師と同じく翰林院庶吉士を拝命した。このささやかな師弟関係が二十年ののち、まさか中国全体の運命を左右する原動力をなすとは、本人たちはもちろん、当時の誰も想像だにしなかっただろう。

門生の李鴻章だけではない。この道光二十五年には、すぐ下の弟の曾国潢《こくこう》や、その下の弟・曾国華《こくか》も受験のため上京して、同居するようになったし、息子の曾紀澤も数え七歳、受験勉強にとりかかる年頃だった。子弟の勉学で切磋琢磨、にわかに一家は賑やかさを増してくる。

そして曾国藩じしんは、このあたりから、トントン拍子の出世コースに乗った。同じ年の九月、翰林院侍講学士に昇進する。それまでの侍講が、現代の大学でいえば助手・助教クラスなのに対し、侍講学士は教授・准教授ともいうべき地位にあたり、従四品のランクで翰林院の中核メンバーだった。

個人的には、悩みも隠せない。宿痾となった疥癬を頭に発症するなど、その蒲柳《ほりゅう》の質《しつ》もかいま見せてもいて、善くも悪しくも、新たな家常も軌道に乗ってきた時期である。

旧居が手狭だったからか、宣武門外の南横街路の北に引っ越してまもなくの道光二十七年六月二日、内閣学士に昇進し、くわえて礼部侍郎《れいぶじろう》の肩書を兼ねることになった。これは正二品の品階だという意味で、従四品から大きくランクアップ、またまた異例のスピード昇進であった。さすがに感激したのか、「進士になってから十年で内閣学士になったのは、自分もふくめこれまで三人だけ」、「湖南出身の三十七歳で二品までのぼった者は史上初」と満腔の喜びを実家に書き送っている。

そして二年もたたないうちに、おそらくは予定どおり、正式に礼部侍郎のポストを拝命した。礼部は科挙の開催や外国との交際をふくむ文教・典礼を主管する政府主要官庁の一つ、現代日本なら、さしづめ文科省と外務省を併せたようなところ、侍郎はいわばその次官である。曾国藩は不惑にならずして、もはや押しも押されもせぬ中央高官の一人となったわけで、異例といってよい出世ではあった。

3 改元

訃報

曾国藩が礼部侍郎を拝命したのは、道光二十九年の正月二十二日。不退転の決意で北京に暮らしはじめて、はや十年を越えていた。懊悩やまない時期もあったけれど、総じて昇進に恵まれた一流エリート官僚の道をつきすすんでいる。順調そのものだった。

しかし人生は、やはり順境ばかりではない。ほどなく身辺に不幸が続き、それはやがて自身の転機にもつながってくる。

同じ年の十月はじめ、曾家の事実上の創設者である祖父の曾玉屛が逝去した。享年七十六。曾国藩がその訃報を受けとったのは十一月十五日、二ヵ月間の休暇をもらって、帰郷も考えつつ、ひとまず北京で喪に服した。

曾国藩はこの祖父を敬愛してやまなかった。以後もくりかえし、祖父の言動を引用して子弟を戒めたし、曾玉屛の事蹟が比較的よくわかるのも、孫の手になる文章が残っているからである。進士・翰林院庶吉士となって故郷に錦をかざった十一年前の年末、この祖父のいった言葉が、曾国藩には忘れられない。

「わが家は農業こそ本務、富貴になっても、やめてはならん。翰林院に入った以上、仕事はまさにこれから、実家の暮らしは心配に及ばぬ」

曾国藩が北京にあって、実家・故郷への仕送りなどを心配せずに、学問職務に打ちこめたのも、農事を本業と自負した祖父の教誨があったればこそである。はるかな訃報は往年を想起させ、哀しみをいやましたにちがいない。しかし身は宮仕えの高級官僚、身内の哀悼にひたってばかりとはいかなかった。

翌月に皇太后が、さらにその一ヵ月後、道光帝が崩じたからである。時に道光三十年正月十四日(一八五〇年二月二五日)。まだ服喪中ながら、典礼をつかさどる官庁のトップ・礼部侍郎としては、もう休んではいられない。

葬礼

代わって即位したのは、二十歳の嗣子・咸豊帝《かんぽうてい》である。まずは先帝を葬送しなくてはならない。

ところがそこで、さっそく懸案が生じる。道光帝は崩御に臨んで遺詔をしたため、「断じて郊配の礼を行うべからず」、「断じて廟祔の礼を行うべからず」と命じていた。つまり治世を実

図9　咸豊帝

現できなかった自身は祖宗に会わせる顔がないので、郊壇・祖廟に合祀してはならぬとの遺言である。中国では葬礼は重大なもので、主権者であればなおさら、即位早々の新帝は慣例にちがう遺言を抱えたわけで、これは扱いにくい。判断を誤ると、そのまま政治的な重大問題にもなりかねない。

誰の入れ知恵なのか、若き咸豊帝はその処置を臣下に諮問することにした。その焦点はやはり、前代官界の第一人者・穆彰阿の見解である。先帝の信任あつく権勢を誇ったかれは、いかに本人の遺命とはいえ、道光帝を貶める葬礼は願い下げだった。ここは新帝に慣例どおり、父君を祀ってもらいたいところである。

そもそも新たな天子の即位は、一種の政権交代であって、往々にして前代の政策や人事を否定する方針が示される。なかんづく清朝では、歴代皇帝がそれぞれ有能な人物だっただけに、前代・父君にあきたらず批判的だったケースが多い。康熙に対する雍正、雍正に対する乾隆、乾隆に対する嘉慶、いずれもそうである。

そして道光に対する咸豊も、どうやらしかり。自身を支える股肱を甄別《けんべつ》、登用しようというところだった。先君が寵遇した老臣など、新帝にはかえって煙たい存在である。そこは承知の群臣は、権臣追い落としの好機とばかり、まずはこの遺詔の取り扱いで、穆彰阿に反対した。遺詔に従うべしとの意見が続出する。

しかし咸豊帝じしんの立場は、それなりに微妙ではあった。嗣子として先帝の遺詔をないがしろにもできないし、父君を祖宗とまったく切り離すような不孝をあえてするわけにもいかない。

礼部の首脳の一人だった曾国藩は、そんな新帝の立場をうまく汲み取った答申を提出した。歴代の前例をひきながら、祖廟の合祀は先帝の遺命に背いてでもおこなうべきだが、郊壇合祀のほうは遺言に従えない理由は二つ、従ってもよい理由は三つある、といい、新帝の判断にまかせたのである。

これが咸豊帝の意にかなった。「侍郎曾国藩の奏するところ、すこぶる是なる処あり」、ほかの者は「我意を述べるだけで、まったく折衷に欠けている」と勅命を下している。まもなく「迎合して先帝を誤らしめた」として失脚する座主の穆彰阿とは対蹠的に、新帝に見こまれた曾国藩は、いっそう朝廷で存在感を高めていった。

新しい御代に入って、一つの峠を越えた曾国藩も、不惑の歳になる。帝の知遇も得て、中央政府の主要官僚としての活動がはじまった。翰林院づとめであたためてきた抱負を御前にしばしば開陳し、上々のすべり出しというところである。

しかし咸豊への改元は、清朝にとって苦難に満ちた時代のはじまりにほかならない。たとえば道光の末年も押し迫った十二月、広西省桂平《けいへい》県金田《きんでん》村で新興宗教結社・上帝会《じょうていかい》が蜂起し、まもなく清朝の存在を否定して、「太平天国」という国号を建てている。これは上に述べたとおり、一九世紀に入って白蓮教徒の叛乱をひきおこした「匪賊の国」にみまがう南方情勢の一コマであって、そのため詳細はあらためて述べる必要があろうが、不穏はもちろんこれにとどまらない。すでに「匪賊」・秘密結社が少なからず、断続的に騒擾をおこしている。故郷・縁者・知友からの知らせで、曾国藩もその間の事情を知らないわけではない。そうした時機に実質的な政治家のスタートを切ったのも、これからはじまる苦難の生涯を暗示するものだった。

そんな機微に本人も気づいていたのだろうか。元号が改まると、曾国藩の上奏はいよいよ現実政治に即して、深刻の度を増してきた。軍隊の整理・精強化とそれを通じた財政整理案を上奏したのが咸豊元年三月上旬である。その一ヵ月あまり後には、咸豊帝に直接「瑣末」「虚飾」

「倨傲」に流れるのを戒める諫言を上《たてまつ》った。この上奏は新帝の政治姿勢に関連づけて、いちはやく「広西の一事」、すなわち太平天国に言及し、その見通しの甘さを批判したものとしても有名である。「激直」つまりストレートに失した物言いに、咸豊帝は「大いに怒った」ものの、思い直して「優容」した。マジメ一徹な曾国藩もさすがに「聖怒」を買わないように心がけるようになったという。

そしてまもなく、「天下の大事」に対する全体的な研究を手がけはじめた。いわゆる「大事」を「官制」「財用」「祭礼」「兵制」など「十八」の具体的な行政制度に分かって、古今の事例を参酌し、改革すべきものをあぶりだそうとしている。これは上の諫奏の一ヵ月ほど後、転じて刑部侍郎《けいぶじろう》(法務次官)を兼任し、その公務のなかで不穏な社会情勢をくわしく知ったことと関連しているかもしれない。そうした研究の結果であろう、年の暮れ十二月十八日(一八五二年二月七日)に上奏したのが、「備《つぶ》さに民間の疾苦《しっく》を陳《の》べる疏《そ》」である。

この上奏文は数ある曾国藩の著述のなかでも、最も有名な文章の一つ、後世の歴史研究も、大乱勃発前夜の政治社会情況を要約する重要史料とみなして、しばしば注目、引用してきた。ここでも一瞥をくわえておきたい。

「民間の疾苦」

曾国藩は文中、問題を三つに大別してとりあげる。まず財政経済の側面で「銀価」の騰貴、次に社会治安で「盗賊」の猖獗《しょうけつ》、第三は訴訟司法で「冤罪」の頻発という事態であり、それぞれが「民間の疾苦」をもたらす現状としくみを論じた。

銀の価格が上がったというのは、納税の困難をもたらし、心ならずも脱税犯罪に走らせるとの指摘である。当時の貨幣は銀と銭の二本立てで、農民は穀物を銅銭に替えて地主に小作料を払い、地主はそれを銀に替えて税金を納めていた。銀価が高騰すれば同じ税額でも、それだけ多くの銭が必要となるため増税にひとしい。納税者の地主が苦しむとともに、増税は小作料に転嫁されるから、農民も困窮する。当時の税制・幣制、および徴税の現場を知らないと出てこない論旨であった。

また「盗賊」ないし「匪賊」に関しては、取り締まる側の兵役とグルになるので、善良な民衆が安住できないと論じ、官吏・軍隊の資質劣化で、治安維持の実があがっていない実情を示している。なかんづく官軍の腐敗惰弱ぶりは、そのくりかえしうったえるところだった。

さらに冤罪続出については、訴訟事案の処理機能が麻痺し、良民がたやすく犯罪者にされる現状を描出する。民間の紛争はけっきょく、当事者間の実力行使でなくては解決されえない趨勢をみてとった観察だった。

以上の三つをまとめて「ために皇上の徳意は民に達せず、民間の疾苦は上に届かず」と表現したように、上の皇帝と下の民間とが乖離して、体制が社会を有効に把握できていないのが現状だと喝破する。まさしく「匪賊の国」に身を置いている認識・自覚を縷説する文章でもあった。

もちろん以上の論旨が、客観的に公平で、全面的な観察だとはとてもいえない。あくまで曾国藩じしんの立場からとらえた政治・経済・社会像ではある。それでも在京の中央官僚でありながら、これほど詳細で透徹したレポートができるのは、当時では希有だった。かれ自身の古今の制度研究にくわえ、おそらくは郷里の縁故者・親しい知友からも丹念な事情聴取を得ていたからであろう。そしてここに描く現状分析が、以後の曾国藩がとる施政方針の前提になるので、その意味でも看過はできない。

「南中の会匪《かいひ》、名目繁多なり」というフレーズが、とりわけ印象的である。南方では種々多様な会匪・会党、つまり秘密結社が増殖、横行していた。曾国藩の実家のある湖南省でも、天地会・串子《せんし》会・江黒会などの存在が知られる。なかでも著名なのが天地会で、日常は主として専売品の塩や禁制品のアヘンを密売しつつ、事あれば蜂起をくりかえし、治安を悪化させていた。それがすでに収拾のつかない事態に陥りつつあることに、かれは警鐘を鳴らしたわけである。

ただこのとき、すでに広西省の永安州を占拠し、国号を建て政権を発足させていた太平天国について、リアルタイムの動向は、どうやらまだ視野に入っていない。この文章を上奏した咸豊元年の末、つまり一八五二年二月といえば、北京政府が太平天国鎮圧のため派遣した賽尚阿《サイシャンガ》の軍隊が、ようやく現地に到着し、包囲したころである。まだ「南中の会匪」とこの太平軍とを直接に結びつけて考えるような局面にはいたっていなかった。前夜といったゆえんであり、逆にいえば、その段階で危機感を共有し、有効な対策を講じて、事態の悪化を未然に防げなかったことが、清朝に大きな禍根を残したわけである。

そして「民間の疾苦」を論じたて、ひとり危機感を強めていた曾国藩も、しょせん京官だった。首都北京にあって、はるかに眺める立場でしかない。

描き出した各地の「疾苦」を、実際にどう救済するのか。その課題については、この希有のレポートのしめくくりに、地方各省を管轄する総督・巡撫《じゅんぶ》に命じて、改革を構想するよう求めたにとどまる。上奏したこの時点では、かれ自らが「匪賊の国」に満ちあふれる「民間の疾苦」の渦中に飛び込んで、身をもって対処にあたることになろうとは、夢にも思っていなかったにちがいない。

III 湘軍

図10　太平天国の国章

1　太平天国

背景

そこでわれわれは曾国藩本人に先んじて、不穏な南方・「南中の会匪」のなかに身を置いて、その詳細をみておきたい。その焦点はやはり以後、大乱をひきおこした太平天国である。上述ですでに登場、言及はしているものの、その背景・素性・興起をあらためてとりあげねばならない。

一九世紀における「匪賊の国」という全般的な情況は、第I章に示したとおりながら、とりわけ南方でそれが深刻化したのは、以後の対外関係の動向も、大きな契機をなしている。わが曾国藩が指摘した「銀価」の騰貴もそのひとつであったし、「匪賊」「会匪」の増殖も然り。歴史的にそなわった中国独自の属性であるとともに、同時代の刻印も濃いものだった。

一八世紀の中国に好況・繁栄をもたらしてきた西洋貿易が、イギリスの産業革命にともなうインドアヘンの密輸で、構造変化をおこしたからである。これまで茶の輸出で中国に流入していた銀は、増大する輸入アヘンの対価として流出するようになり、それで公定の「銀価」レートが高騰したわけである。

またアヘンは禁制品の麻薬だったから、これを中国内に持ちこむには、受け入れをになう強力な地下組織が必要で、秘密結社がいよいよ増えるようになった。こうした組織の増殖は、もちろんアヘンの密輸ルート沿いに生じる。その内地の主要経路は一般の貿易商品とほぼ同じく、広州から湖南省、もしくは江西省をへて長江筋に出るというもので、湖南に「会匪」「会党」が叢生したのは、その経由地にあたっていたからである。

中英のアヘン戦争は、そうしたアヘン取引をめぐる紛糾からおこったもので、清朝は戦争に敗れた結果、広州以外に四つの港を開かざるをえなかった。とりわけ中国経済の心臓部・江南に近い上海の貿易が発展するにつれ、茶・アヘンなど主要貿易品を運ぶルートも変わってゆく。

そのためにとりわけ大きな影響を受けたのは、それまで広州と内地をつなぐ役割を果たしていた湖南省だった。商品の流通は激減し、不況が訪れ、社会不安が高まったため、秘密結社がいよいよはびこってくる。ちょうどそうした時機に、近隣でおこったのが上帝会の蜂起であった。

上帝会

上帝会を創始したのは、洪秀全《こうしゅうぜん》という知識人である。かれは広東省の省都広州の郊外、花県

図11　洪秀全

の客家の家に生まれた。一八一四年の出生だから、曾国藩とは三歳差でほぼ同年代、また祖先も同じく移民ということになる。したがってご多分にもれず、洪秀全も社会的な上昇のため、科挙の合格をめざした。

　けれどもかれは、ここで曾国藩とは対蹠的な運命をたどる。科挙の予備試験に合格できなかった。そもそも難関の試験だから、合格しないほうが普通、大多数なはずではある。しかしながら中国史上、そのように挫折した人々のなかから、往々にして不満分子・反乱分子が輩出した。

　合格した曾国藩がエリートの道をかけのぼり、純然たる体制教学だった宋学を信奉したのに対し、広州で二度の試験に失敗した洪秀全は、科挙をあきらめ儒教をすて、異教に走り、あらたな宗教を創始したのである。けだし典型的な対極であって、この二人がのちに大乱で、敵対したそれぞれを代表する地位に立つにいたったのも、納得できる配剤といってよい。

　洪秀全は広州で入手したキリスト教の伝道書をもとに、天主である上帝《ゴッド》を信ずれば「太平の世」になる、という上帝教を創始した。時に一八四三年、曾国藩が北京の「大考」で出世のレールに乗りはじめたころである。

　洪秀全らは当初、地元の広東省で布教をはじめたけれども、勢力を伸ばせなかった。転じて西隣の広西省・桂平県の山間部に入って布教活動を続けたところ、これが実を結んで二千人ほどの信者を獲得している。その多くは、同じ客家だった。一八四七年のことで、この時できた教団が上帝会である。

他郷からの後発移民だった客家は、言語・風俗・習慣が先住民と異なるため、手ひどい差別・迫害を受けることが多い。上帝教は各地の社会でそんな苦境にあったかれらに、現世の利益・来世の救済を説く新たな信仰を提供した。

上帝会は信徒・会員を増やすにつれ、いよいよ既成の社会・体制との軋轢を深めてゆく。その当然の帰結だったのであろうか、まもなく急速に政治結社と化し、純粋な信仰ばかりでなく、地上の「天国」建設をめざす動きをはじめた。つまり反権力的な武装秘密結社、ないし反体制的な過激政治団体と転化したのである。いっそう紛争が頻発し、官憲の弾圧が強まったのも、いわば当然のなりゆきだった。

上帝会はそうした弾圧に抗して、一八五一年はじめ、桂平県の金田村に結集し、武装蜂起にふみきって、清朝政府と交戦状態に入る。同年九月、北上し永安州を占領すると、「天王」の洪秀全は、ほか五名の王を任命して、制度を整え、新たな暦を制定し、政権を発足させた。漢語で「永安建制」という。ここで名実ともに太平天国が成立した。これを「新王朝」と呼ぶ向きさえある。

もちろん清朝側が坐視していたわけではない。すでに太平天国の蜂起直後から、現地の広西省当局は、鎮圧に乗り出している。しかし容易に鎮圧できなかったのは、かつての白蓮教徒の乱と同じく、官軍の素質が将卒あわせて劣悪だったからである。このあたりは曾国藩も同じ時期、咸豊帝に上奏した文書で、指摘していたところだった。

太平天国が永安州を占領したところで、事態を軽視できないとみた北京は、上でも述べたように、賽尚阿を特派して、討伐にあたらせることにする。しかしその用兵はごく緩慢で、包囲攻撃にまでもっていったものの、けっきょく一八五二年四月、取り逃がしてしまった。

かたや永安州で清軍の包囲に堪えながら、体制・態勢を整えつつ、どうにか脱出できた太平天国は、なおも北上を続けた。広西省の省都・桂林《けいりん》を急襲したが、抜くことはできず、さらに北進して、湖南省との境界にある全州を攻撃する。守備隊は全滅し、清側の上下はその決死の戦いぶりにあらためて驚かされ、脅威を感じざるをえなかった。太平天国はこの全州を退去したのち、いよいよ湖南に入ってきたのである。

当時この太平軍とわたりあったのは、曾国藩とも面識・交誼のあった江忠源《こうちゅうげん》という人物である。広西との境に近い湖南省山間の新寧《しんねい》県の出身で、曾国藩の一つ年下だった。道光十七年

（一八三七）の挙人というから、曾国藩より一つあとの郷試を合格したわけで、ここまでよく似た経歴である。しかしその後、上京はしたものの会試には通らず、曾国藩との交友を重ねつつ、むしろ郷里にとどまることが多くなった。地元の社会問題に関心をよせるとともに、天下国家を論じたかれは、いわゆる郷紳といってよい。湖南の情勢を曾国藩に伝えていたのも、かれであり、「近来ならびなき義俠の士だ」というのが曾国藩の人物評である。

すでに地元で団練を結成して、秘密結社の蜂起をやぶった経験のある江忠源は、この太平軍の進撃に対しても、率先して防戦に加わっていた。太平軍が隣接する広西の永安の包囲を脱し、省都の桂林を包囲したと聞くや、近隣の子弟千人をひきい、桂林にかけつけ、守り抜いている。かれが組織したこの軍隊を「楚勇《そゆう》」といった。かつて湖南にあった国名「楚」を冠した義勇軍の意味で、その名のとおり地元の自警団である「団練」がベースながら、一所にとどまらず他郷にも転戦した部隊である。

江忠源はさらに、転じて全州から湘江ぞいに湖南省内に進撃してきた太平軍をおしもどした。蓑衣渡《さいと》で激戦二昼夜、「天王」洪秀全がはじめて洗礼を授けた盟友の「南王」馮雲山《ふううんざん》を戦死させている。

時に一八五二年六月。大きな打撃を受けた太平軍は、南に進路をかえて、道州を占領し、二カ月間とどまって態勢をたてなおし、あらためて湘江ぞいに北上を続けた。いよいよ湖南の心臓部に入ってきたのである。

拡 大

太平軍が湖南に入った当初は、一万人程度の勢力にすぎない。そのため以後も、苦戦が続いた。攻撃に最も時間をかけたのは、もちろん省都の長沙である。これまで先頭に立って奮戦してきた首脳の一人「西王」蕭朝貴《しょうちょうき》が、そこで砲弾にあたって歿した。

長沙を防衛する清軍には、江忠源の楚勇がかけつけたし、もちろん湖南巡撫の張亮基《ちょうりょうき》らが率いる正規軍もあつまってきた。その数は五万にものぼったから、いよいよ攻略は難しい。三ヵ月近くの攻防・対峙のすえ、太平軍は一一月末、長沙を撤退する。

戦果こそ乏しかったものの、はからずもこれが大きな転機になった。太平軍はさらに北上し、洞庭湖をわたって北岸の岳州を攻撃、占拠できたからである。清朝の側は省都の長沙防衛に兵力を割いていたため、この方面はかえって手薄だった。陥れた岳州で武器弾薬を補充し、戦力を増強、態勢をたてなおしたうえで、なおも北進を続け、湖南を出て、湖北に入る。

太平天国はどうやらこのあたりで、その内実も方向も変容をきたした。まず規模が拡大した。このあと、湖北から長江を下って進攻するにあたり、その勢力は数十万というケタ違いの数字になっていたから、その膨脹ぶりに驚かされる。湖南省で苦戦、転戦した成果だった。

これほど急拡大したのは、潜在的な支持勢力を吸収したからである。湖南の秘密結社にほかならない。おびただしい「会匪」「会党」が地元で抗争に明け暮れるさなかに、太平天国は飛びこんできたのである。現状では成功を望めない、展望が開けない社会的落伍者たちに、いわばチャンスを提供した。湖南に増殖していた秘密結社は、大半が太平天国に合流した、といわれる。

天京

洞庭湖を越えて長江筋に出た太平天国は、もはやたんなる武装教団のスケールではない。華中・華南の反体制的な勢力を糾合した軍事集団、いわば清朝の一大敵国に変貌していたのである。

まもなく湖北の中心部をめぐる戦いになった。そして太平軍は一八五二年一二月の下旬には漢陽《かんよう》を、二九日には漢口《かんこう》を、翌年一月一二日には、ついに武昌《ぶしょう》を奪う。武昌はじつに太平軍が陥れた、初の省都であった。

ここを守っていたのは、転出がきまったばかりの湖北巡撫、著名な蔵書家で、曾国藩と同じ湖南出身で親交もあった常大淳《じょうだいじゅん》である。かれをはじめ、殉じた者も多かったものの、官軍の多くは逃亡した。太平軍は広西から湖南を転戦したときには、省都を一つとして抜くことができ

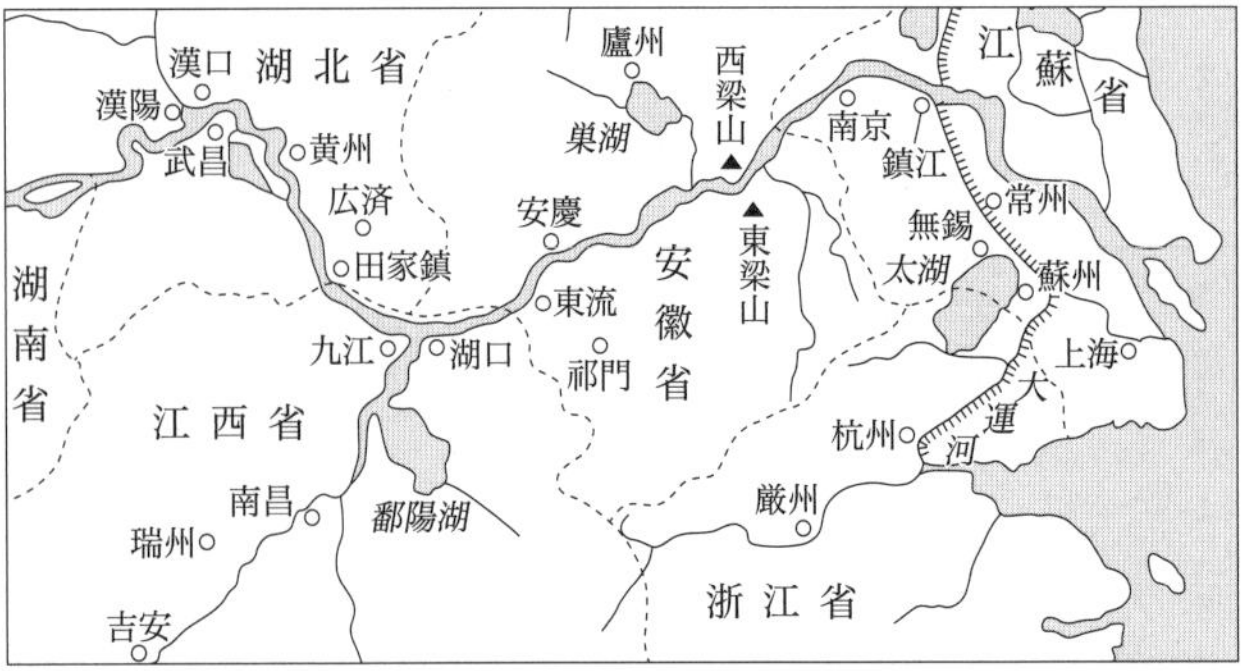

図12　長江流域図

なかったから、それだけ強大になっていたのである。

　武昌を占拠した太平天国は、しかしそのまま安閑としていない。まもなく武昌を捨て長江をくだって、ふたたび進撃を開始する。

　破竹の勢いだった。武昌を攻略してから、わずか二ヵ月後の一八五三年三月一九日、江南地方の中心地にして両江《りょうこう》総督の駐在地・南京を占領した。まもなくここを本拠と定めて、天京《てんけい》と改称する。

　南京になだれこんだ太平軍の数は、二百万という説もあり、正確な数字ははかりがたいものの、またもやケタ違いの膨脹をとげたことにまちがいあるまい。その余勢を駆って、周辺の要衝である鎮江《ちんこう》と揚州、ついで杭州など、清朝の主力軍・八旗も駐防する江南の主要な大都市をあいついで陥れた。南方ではもはや敵無しの圧倒ぶりである。

　かくて天京に腰をすえた太平天国は、三ヵ月後には西征軍を派遣し、長江をさかのぼってきた。この派兵は当初、乏しくなった天京の糧食を調達する目的にすぎなかったものの、やがて各地に進駐して支配地域を拡大する結果をもたらす。西征軍は安徽省の省都・安慶に拠点を置くと、そこから江西省を攻略し、湖北一帯をあらためて占領した。時に一八五四年の初頭。ふたたび湖南に、太平天国の勢威が及んできたのである。

性質

こうして長江の中下流域という経済・文化の心臓部に、清朝の存在を否定する一大勢力が誕生出現した。

この太平天国を歴史的にどう位置づけるかは難しい。学問上も長い論争の歴史があるし、その論争はまた学問の範疇ばかりでとどまらなかった。その経緯をつぶさにみるのは、本書の任ではない。ここで明らかにしておくべき点のみ、あげておこう。

太平天国が既成の権力・秩序に真っ向から敵対し、挑戦したことは疑いない。その体制は清朝のみならず、政権を支えた社会そのものに立ち向かっている。

儒教に代わる上帝教をとなえ、掠奪を禁じ軍紀も粛然としており、耕地の均等配分も定め、また実際に儒教を排斥、官軍を破って、地主を打倒した。各地で困窮にあえぐ人々から歓迎も受けたのも肯えるし、それだけ既成の軍隊・秩序がゆきづまっていたともいえる。

太平天国はたしかに革新的な政策・組織・制度を、このように有してはいたし、実践もした。けれどもその言動・実態をみると、むしろ旧態依然の論理で説明、理解できることのほうが多い。

たとえば『天朝田畝制度《てんちょうでんぽせいど》』という著名な刊行物がある。土地の均等配分と租税負担の公平化をうたった文面ではあった。けれどもその内容は、古来の均田思想と通じるものがあるし、文言どおり実施に移されることもなかった。

また天京定都以前、湖南を転戦していたころ、清朝打倒をよびかけた「天を奉じて胡《こ》を討つの檄」という文章がある。清朝・旗人を「妖人」「蛇魔」とみなす、上帝教の世界観を明示的にあらわしながら、しかし同時にあえて「中国の天下」であり、「中国が首、胡虜は足」とするのは、旧来の華夷思想そのままであった。それが純化、極端化し、いわゆる「滅満興漢」のスローガンを文字どおりに実行せしめて、旗人の虐殺・「民族浄化」を導いたとの指摘もある。

そうした点は、本質的に在来の移民結社だった以上、当然の帰結といえるのかもしれない。新興宗教による理想主義と純粋・峻厳が同居していたところに、当時通例の秘密結社と異なるその特徴をみるべきだろうか。なればこそ、急成長を遂げることができた半面、順逆いずれにせよ、既存勢力をとりこむには限界も免れなかった。そこが以後の命運を分けるポイントにもなってくる。

2 郷紳・団練

帰郷

太平天国が湖南に侵攻して以後、このように急成長をとげた一八五二年から五四年の間、わが曾国藩の境遇はどうであったか。こちらも転変といってよい生涯の一大転機を迎えるのである。

かれは「備さに民間の疾苦を陳べ」た上奏をおこなっておよそ半年後、咸豊二年六月十二日(一八五二年七月二八日)にふたたび郷試の主任試験官として、江西省へ出張を命ぜられた。久しぶりの地方下向である。

ちょうど京官暮らし恒例の借金もかさんできたところ、臨時収入を見こめる出張は、渡りに船であった。しかも少し足をのばせば、祖父が逝去したのち、とりやめていた待望の帰省も、兼ねてできる。曾国藩は拝命するとともに、郷試の任務が終了したあと、「二十日」間の帰省休暇を申し出て許可を受けた。

目的はそればかりではない。以前から「粤匪《えっぴ》」の動向は、絶えず気懸かりだった。かねて郷里の父や弟の曾国荃と書翰のやりとりを欠かしていない。「粤」とは広東・広西の別名、そこから湖南へ迫る太平軍の脅威で、湖南にいる「世家巨室・富賈客商」は恐慌をきたし、当局の乏しき「識見は歎かわしく」、一家も恐れるところだった。そんな故郷の現状が何より心配である。

同月二十四日(八月九日)、北京を出発、まずめざすは、出張先の江西省の省都・南昌である。ところが南下を続けておよそ一ヵ月、安徽省の太湖《たいこ》県小池《しょうち》駅についた七月二十五日(九月八日)、故郷の湖南に暮らす母の訃報がとどいた。逝去は奇しくも、曾国藩が北京で出張の命をうけたのと同じ六月十二日である。曾国藩は哀しみに暮れる間もなく、とりいそぎ予定を変更し、服喪のため湖南に直行することにした。

中華王朝の官僚は、父母が逝去すると、二十七ヵ月の間、職を辞し一切の公務に与《あずか》らず、故郷に家居して喪に服さねばならない定めである。しかしこの服喪が、とりもなおさず十年以上の京官づとめの終止符となるとは、このときの曾国藩には、まさか思いもよらなかったことだろう。

江西省の九江から長江に出ると、湖北省の黄州まで長江を遡上し、八月十二日(九月二五日)、省都の武昌に着いた。ここで太平軍の長沙攻撃の報をえて、さらに道を急ぐことにする。翌日には武昌を出発、陸路をとって洞庭湖畔の岳州に達すると、湘江遡行のルートは危険があるので避け、湘陰《しょういん》・寧郷《ねいきょう》と山道をとり、八月二十三日(一〇月六日)、ようやく湘郷の実家にたどりついた。

北京に上ってから、実に十三年ぶりの故郷である。かつて「而立」の直前、都に送り出してくれた祖父と母は、もう彼岸にしかいない。その墓と柩の前で喪に服した曾国藩に、しかしゆっくり静かに悼む暇は、どうやら与えられないようであった。

出馬

曾国藩の帰郷・服喪は、太平軍の長沙攻撃のさなかであった。近くはまぎれもなく戦場だったのである。省都を包囲していた太平天国は、まもなく奪取を断念して、北へ去ったけれども、湖南・四囲の情勢が好転、安定したわけではない。

北進した太平天国が湖北の省都・武昌を攻撃すると、清朝はいまさらながら、事態の深刻さを自覚せねばならなかった。武昌陥落に四日ほど先だつ咸豊二年十一月二十九日(一八五三年一月八日)、咸豊帝は曾国藩あてに勅命を下している。湖南の「団練」を編成指揮し、当局を助けて、地元の「匪賊」を捜査するよう命じた。

発令した側にしてみれば、悪化する内乱の対策の一環である。緊急の事態のなか、中央の高官が服喪帰郷しているので、動員をかけたというにすぎない。この時は湖南のみならず、安徽・江蘇・直隷《ちょくれい》・河南・山東・浙江・江西・貴州・福建の計四十三名の在郷顕官に団練の組織を命じている。太平軍に近い湖南には、たまたま礼部侍郎の曾国藩がいた、という以上のことではなかった。

しかし命を受けた曾国藩本人の立場はちがう。同年十二月十三日（一月二二日）に湖南巡撫張亮基の使者から受けとった勅命は、当時も事後も、おそらく一大事と感じられたにちがいない。

図 13　郭嵩燾

曾国藩は躊躇した。帰郷服喪してまだ四ヵ月にもならない。亡母の改葬もこれから、という時に、公務に従事しては「不孝の罪、いよいよ大きい」ばかりか、任務も容易ではなかった。マジメに実行するのなら、湖南の郷紳たちにひろく協力をよびかけなくてはおぼつかない事業である。とても見通しは立たなかった。ただ長沙で団練当局の一人として、首を並べるだけに終わりかねない。それなら服喪・孝道をまっとうするにしかず、と考えたのである。

このように文面を認めた十二月十五日の夜、張亮基からふたたび書翰がとどいた。武昌が陥落し、巡撫の常大淳が殉死したのを知らせるとともに、重ねて出馬を要請する文面である。

ついでやってきたのは、郭嵩燾《かくすうとう》という人物。曾国藩の郷里・湘郷と同じ長沙府下の湘陰県の出身、七つ年下で年来の友人にして門下でもあった。李鴻章と「同年」の進士で、翰林院庶吉士となっていたが、当時は父母をあいついで亡くして、曾国藩と同じ服喪の身である。その郭嵩燾も父の曾麟書と口をそろえて、平生の抱負を実現する機会だと、強く出馬をうながした。

曾国藩も逡巡を重ねたあげく、ようやく決意する。服喪を続ける旨の文面を反故にして、「湖北の喪失は重大、長沙の人心も動揺しており」、「出馬して桑梓《こきょう》を保護《まも》らねばならぬ」と書信に書き改めた。二日後には湘郷の実家を発ち、省都の長沙にのりこんだのは、その四日後の十二月二十一日(一八五三年一月二九日)。

数えの四十二歳といえば、われわれの感覚だと厄年を想起する。「初老」でもあるその年に、曾国藩は母を亡くした。そして厄年の変わり目、老年に転ずるその時に、期せずして新しい場所で、新しい事業に乗り出すことになる。

着 手

決心すると根がマジメなので、曾国藩はさっそく実務にとりかかった。長沙に着いて、北京あて拝命の上奏を送ると、まず湖南省の現任各州・県知事あてに書翰を送り、「匪賊」一掃に向け「同心につとめ」、所轄地域内で不穏の動きをみのがさず、機敏に処置するようよびかけた。

ついで年明け、咸豊三年正月には、お膝元の省都・長沙の「紳士」にあて、書翰の形式で布告を出している。逃亡が生命財産をまっとうできる道ではないとしたうえで、「本街の良民で本街の土匪を捜査」できるよう組織をつくり、昼夜を分かたず自警を怠らぬよう指示した。さらに同じ時期、湖南全域の「公正なる紳士・耆老《きろう》」にあてた、いわば第三の書翰があり、これが最も著名である。曾国藩のターゲットが湖南の「紳士」、つまり郷紳にあったことがよくわかる文面だといってよい。

そこに注目すべき一節がある。まずは戦況と「愚民」の行動について。「太平軍を称えて、強姦も放火掠奪も殺戮もしないと口にしようものなら、無知な愚民は一唱百和、議論顚倒して、黒白分かたず」というありさまであって、これを「最も痛恨すべき問題」だとしている。太平軍の厳粛な規律と官軍の劣悪な行状は、誰の目にも明らかだった。もちろん庶民の支持も、大多数は「黒白分かたず」反乱軍に傾き、このままでは既成の秩序が「顚倒《くつがえっ》」てしまう。

官軍の劣弱に典型的な体制のゆきづまりは、曾国藩も京官だったとき、すでに喝破していた。そうはいっても、首都・朝廷からなら、眺めているだけでよかったし、またほかにいかんともしがたい。だが今そうはいかなかった。現場実地に身を置き、しかも同じく庶民に接する郷紳の立場にある。対策の立案・実践が欠かせない。

その郷紳の立場で湖南の現状をみると、自らが属し、また与する政府・官軍は、もはや現地の庶民とは離れてしまっている。かれらにとっては、匪賊も官軍も大差なかった。「黒白」いずれについてもおかしくない。つまり反体制分子は普遍的、潜在的に存在していた。「匪賊の国」たるゆえんである。そこに大きな危機があった。
そんな現状をまず改善する必要がある。下命を受けた任務は団練の組織であり、「官の民を守るは、民の自衛にしかず」とはいいながら、現状のままでうまくいくとは思えない。あらかじめ「民」を甄別して順逆を徹底するのが先決だった。庶民を「愚民」ならしめないようにしなくてはならない。そこで団練を組織するにあたり、最も庶民に近い立場の「公正なる紳士・耆老」に、とりわけその役割を期待する。

厳しく団練の規律をたて、良俗の維持につとめよ。素行不良にして人心を惑わす者あらば、突き出して団長・族長と共同で処断してよい。軽き者は家法で罰し、重き者は死刑に処せられよ。脱走して郷里を掠奪する兵卒あらば、捕殺してかまわない。人を集めて武装強奪する匪徒・暴徒あらば、やはり捕殺してかまわない。

団練ひいては宗族にそなわった自治・制裁の機能を利用し、そこに庶民に対する生殺与奪の権を委ねて、統治・取締を徹底しようというのである。
そんな文面もさることながら、礼部侍郎という当代の湖南第一の顕官であった曾国藩が、官の威令によらず、辞を低くし礼をつくし、いちいち自署した書翰で通達してきたというので、湖南の郷紳たちはいたく感激した。

なかんづくその末尾の文面に記した「不要銭、不怕死（金を求めず命をかける）」という自身のスローガンは、湖南郷紳のあいだで一種の流行語になる。端的にいえば、これでかれらの心をわし摑みにした。

この六字は南宋の名将・忠臣の岳飛《がくひ》がかつてとなえた言を下敷きにしたフレーズで、毛沢東が後に呼びかけたことでも著名である。同郷の先輩・曾国藩に対するオマージュだったのかもしれない。いずれにせよ、文臣エリートの道を邁進してきた曾国藩は、さすがの文才で、以後も数々の名言・キャッチコピーを生み出し、たくさんの人々を動員した。そんな大アジテーターの片鱗をここでみせはじめている。

湖南の在地社会・「紳士・耆老」の声望を得たところで、なおその掌握に収まりきらない庶民をどうするか。いよいよ具体的に措置をとる段階になってきた。

3 結成

審案局

曾国藩は咸豊三年二月（一八五三年三月）、長沙の湖南巡撫政庁にほど近い魚塘口《ぎょとうこう》に、審案局を設けた。天子の許可をえて巡撫の権限を借りつつも、曾国藩ら郷紳の主宰する機関で、半公式の臨時特別警察といったところである。

すでに各地の郷紳に「匪賊」のとりしまりを呼びかけているものの、その活動を統轄し、また率先して活動し、範を垂れるべき組織が必要だった。なにしろ「湖南はもともと会匪を卵育《はぐく》んだ土地であって、昨年太平軍にしたがって半ばは去ったけれども、余孽《よげつ》はなお伏在して」おり、これを摘発、掃滅しなくては、庶民の「黒白」も定まらず、団練組織の実もあがらない。

審案局はそれに備えた組織だった。団練と同じく、清朝の政府当局に従いながらも、その運営はあくまで郷紳の在地的な地位・勢威にもとづくものである。このあたりが当代の中国社会に根ざしたところであり、これを「私刑《リンチ》」などと断じてしまうと、その機微がみえない。これほどの規模・知名度・権限でなければ、以前にも以後にも、同様の組織・機能はいくらでも存在していたからである。曾国藩はそれをいっそう大規模に、そして組織的・公式的・強権的にしたにすぎない。それは民間在地社会の組織となだらかにつながっている。

そうはいっても、この審案局の活動はやはりきわだっていた。天子・当局の支持を得て「立行正法」つまり即時処刑ができたからである。斬首でなければ撲殺。釈放でも相応の処罰が加えられた。

曾国藩じしんの報告によれば、六月十二日までほぼ四ヵ月の間に、審案局で斬首した者は百四名、撲殺した者二名、収監中に死亡した者三十一名と報告している。しかもこれは審案局が直接あつかった範囲で、別に捕えてあった串子会の九十二名など、ほかの管轄は数に入っていない。かれらも長沙に送られ、のちに四十名の捕縛者をくわえ、二十五人の釈放以外、ほとんどが処刑された。

半年足らずで二百人以上の刑死である。さすがに上下問わず、戦慄をまきおこした。眉をひそめる向きも少なくなく、やがて「曾剃頭(首切りの曾)」の悪名が曾国藩にあびせられる。あまりのやりようをみて、また悪評を案じて、いたたまれずに書面で諫めてくる関係者もいた。

そこは一途な曾国藩、耳を貸そうとしていない。審案局もはじめから「残忍厳酷」を期したもので、「厳刑峻法でなくては、やがて手が着けられなくなる。殺人を好むわけではないが、一意《ひたすら》残忍になって頽風を挽回したい」と覚悟を決めていた。「残忍」・殺人にも、マジメだったのである。

もちろん首邑の長沙ばかりではない。湖南南部の山がちな衡州《こうしゅう》府でも、「匪賊」の勢力はさかんで、府下の安仁県や桂東県など、当局が攻撃を受け占拠されるほど事態の悪化をみたところもある。曾国藩は八月、この地域の弾圧平定をすすめるため、衡州に移駐した。そこにひきつれていったのが、新生の湘郷団練、すなわち湘軍である。

湘郷団練

曾国藩はこの年・咸豊三年の初め以来、長沙の審案局を中心に、「匪賊」とりしまりをすすめるかたわら、本来の任務である「団練」の組織に着手していた。注目したのは、故郷の湘郷県の人々である。

羅澤南《らたくなん》という郷紳がいる。嘉慶十二年(一八〇七年)の生まれなので、曾国藩より四歳年長ながら、なかなか科挙の試験に受からず、生員の資格を得たのは、ようやく道光十九年、三十三歳の時だった。裕福ではなかったため、二十歳にならないうちから塾をひらいて生計をたてている。しかしその篤学・学識はつとに評判が高く、門をくぐる湘郷の子弟も多かった。学問も実践主義をとなえる宋学であって、曾国藩と通じ合っている。

羅澤南は太平軍の蜂起の報が伝わるや、湘郷県知事朱孫詒《しゅそんい》の求めで、門下生を中心に団練を組織していた。太平軍が武昌に向かったあと、手薄になった省都防衛のために、巡撫の張亮基の招きを受け長沙にやってきたところで、曾国藩に会うことになる。

羅澤南の湘郷団練は、科挙に合格したばかりの書生が中核となっていた。学を講じ道を論ずる宋学の徒である。曾国藩の配下に入って、手づから審案局の弾圧にたずさわったのは、ほかならぬかれらなのであり、この点「残忍厳酷の名を敢えて辞せず」と思いつめて、殺人を実践励行した曾国藩と同じメンタリティ・信条を持っていたといってよい。

審案局が長沙近辺の処分をひととおり終えたころ、江西省の南昌で太平軍と交戦していた江忠源から、曾国藩に援軍要請がとどいた。楚勇を率いる江忠源は、たび重なる戦功で湖北按察《あんさつ》使《し》という一省の司法長官に昇任し、このときは太平天国の西征軍を迎撃すべく江西まで下っていたのである。

曾国藩はその求めに応じ、三千六百の援兵を派遣した。そのうち湘郷団練は、三分の一ほどの数である。ところが太平軍と血戦したのは湘郷団練のみで、大きな損害を受けながらも南昌に入ることができた。戦死者はいずれも羅澤南の門弟だったという。

編成

曾国藩もそれまで軍事戦闘的な役割は、あまり団練に期待をかけていたようではなかった。しかしこの報を受けると「悦んで、書生がやはり頼りになると思い」、新たな団練の中核を湘郷の書生で組織することを決意したのである。

官軍の欠点はよく知っていたから、すべてをいわば逆張りですすめた。官軍の編制は一言でいえば、見ず知らずの職業軍人の寄せあつめである。しかも俸給は低い。一人一人が戦争に慣れて要領だけはよく、収入もないので、戦意もなければ士気が上がらない。弱くて当然である。

そこで明朝の名将・戚継光《せきけいこう》の著書『紀効新書《きこうしんしょ》』を典拠にして、通例の職業軍人を採用せず、自分の縁者・門弟たちに湘郷近辺の山間部で身元・素性の明らかな質朴な農民を募集させた。頭髪容貌の手入れに余念なく、「市井《まちなか》」「衙門《やくしょ》」に出入しているような男は願い下げである。「農夫土気ある者」を兵卒にしたてて、月額四両で雇い、部隊を編成していった。いまの核家族規模なら、年二十五両で一家が暮らしていけた時代だから、破格の高給である。

これで徴募した新規の兵数は六千、編制ずみの湘郷団練とあわせて、合計一万の軍隊ができあがった。そろそろこれを湘軍と呼んでもよいだろう。

ズブの素人の新軍であるから、何より訓練・演習が欠かせない。曾国藩の駐在する省都の長沙には、もちろん旧来の官軍もいる。手厚い待遇を受けた新米部隊に、いい感情をもっているわけはなかった。そんな環境で、日々思うように訓練を施すのは、かえって容易ではない。新旧の兵卒は不和対立衝突をくりかえし、たびたび事件をひきおこした。

「匪賊」・太平軍と戦う前から内紛をおこしては、意味がない。曾国藩は憤懣やるかたない幕僚をおさえ、黙って譲歩し、湘軍を長沙から退去させることにする。

衡州に移駐したのは、附近の「匪賊」を弾圧するのとあわせて、気兼ねなく湘軍の調練・強化を施すためでもあった。咸豊三年十月、ここに造船所を建設し、水軍の増強・編成にもとりかかっている。想定の戦場は長江筋になるから、兵船・水軍は欠かせない。十二月には湘潭にも新たな造船所を設けて、急ピッチで軍隊の拡充・増強につとめた。

緊迫

曾国藩が湘軍の編制・調練に慌ただしかったころ、情勢はふたたび深刻の度を増してきた。太平天国の西征軍が攻め上ってきたからである。湘郷団練を苦しめた南昌攻撃は、上述のとおりであり、まもなく安徽・江西・湖北三省の境界にあたる要衝の九江が、太平軍に占拠された。太平軍は一八五三年一〇月、湖北に進攻して、要害の田家鎮《でんかちん》に拠った張亮基・江忠源らをやぶり、ここを占領した。そして同じ月のうちに、漢口と漢陽が太平軍の手におちる。長江をはさんだその対岸には、湖北の省都・武昌があった。清朝中央はあわてて、曾国藩にも湖北方面への援軍出動を命じている。湖南にもあらためて、緊迫した空気がみなぎってきた。

太平軍はまもなく漢口・漢陽から退いて、湖北・武昌の圧力はしばし減じたものの、主力は転じて、安徽省の廬《ろ》州を脅かした。廬州は太平天国に奪われた安慶に代えて、省都を置いたところなので、争奪の対象にならざるをえない。湘軍にも安徽救援をうながす命令が下っていて、矢継ぎ早の催促ともいえる。

曾国藩はまだ動けない。水軍を編制できていなかったからである。というよりも、衡州で兵船の造営をはじめたばかり、のち湘潭にも工場を増設するけれども、まだまだ時間が必要だった。

しかし清朝政府には、もはや余裕がない。たとえば咸豊三年十一月二十六日、曾国藩が出動の猶予を申し出た上奏に対し、咸豊帝は「汝は平素、才力は己の右に出るものなし」と豪語してきたくせに、このまま「誇張となれば天下の笑いものになろう」から、「急ぎ救援に駆けつけよ。一歩はやければ一歩の益あらん」と叱責督促した。激しい文面はかえって悲痛を感じさせる。十二月二十一日（一八五四年一月一九日）、拝命した曾国藩は恐縮しつつ、年明け正月中を期して出動の態勢を整える旨、答申した。

挙兵

その答申と符節を合わせるかのように、曾国藩の身辺でも、猶予を許さない情勢にもなってくる。まず江忠源の死去である。

楚勇を指揮する江忠源は、この年、湖北按察使から安徽巡撫に昇進した。もちろん歴戦の功績ながら、科挙の本試験を通っていない一介の紳士では、異例の昇進といえる。それだけに重大危険な役回りをわりふられた。巡撫として駐在すべき安徽省臨時の省都・廬州を救わなくてはならない。桐城・舒城《じょじょう》を陥れて北上した太平軍の攻撃を受けていたからである。

江忠源はさきに田家鎮で敗れると、いったん武昌の防衛にもどり、あらためて廬州の救援に急行した。まさに東奔西走である。しかし途上、過労から罹病、病身をおして廬州まで来ても、麾下の楚勇は千人に満たない孤軍だった。廬州府知事の胡元煒《こげんい》が敵に投降するにおよんで、江忠源は憤激のあまり、投水自殺したのである。時に十二月十七日(一月一五日)、行年四十二。

曾国藩にとっては、十年来の交友である。その憤死を知るのは、年が明けてからで、まもなく自身も同じ戦場の艱苦を嘗めることになった。そうした情感・経験も交錯してであろう、曾国藩の手になる江忠源の伝記「江忠烈公神道碑銘《しんどうひめい》」は、数ある著述のなかでも「文雅」にして「光彩ある」名文と称せられる。

さらに咸豊四年正月十五日(二月一二日)、武昌駐在の湖南北二省を管轄する湖広総督の呉文《ごぶん》鎔《よう》が、太平軍の拠る黄州に出撃して戦死した。呉文鎔は曾国藩が北京でかつて合格した朝考の試験官の一人、もちろん親交もあって、やはり浅からぬ関係の人物である。曾国藩は湘軍出撃のあかつきには、まず呉文鎔との協同呼応を期していたけれど、もう及ばない。

湖広総督の軍をやぶった太平軍は、まもなく漢口・漢陽を陥れた。総督不在の省都・武昌は、ふたたび風前の灯火である。

ようやく戦備・編成が整って、曾国藩も腰を上げたのがこのタイミングであった。正月二十八日(二月二五日)、湘軍全軍に出征の命を下した。陸軍は十三営で五千余、水軍は十営五千人、ほか随行の人夫や水手など非戦闘員をくわえて、およそ一万七千の規模である。衡州から一路北上、諸軍と会する湘潭・岳州をめざしての出陣であった。

「粤匪を討つの檄」

湘軍が衡州より出征するにあたり、曾国藩は宣戦布告状ともいうべき文書を発した。「粤匪を討つの檄」である。これまで太平天国・曾国藩にかかわる歴史書が、ほぼ例外なく引用してきた重要かつ有名な文章だから、ここであらためて触れても、屋上屋を架すにひとしいかもしれない。しかし以後の曾国藩の立場を確認するうえで、やはり最低限の紹介は必要だろう。

「粤匪」とはすなわち太平天国、「粤」は広東・広西を指し、そこから出た「匪賊」の意である。太平天国は清朝のシンボルだった辮髪《べんぱつ》を切って、不倶戴天の敵対姿勢を明確にしたから、別に「長髪賊」「髪匪」ともよばれた。ここでそう言わないところ、あえて地域を出しているところに注目したい。

まず「湘軍」との対である。「湘」は湖南、湘軍が湖南人の義勇軍なら、「粤匪」は広東・広西人の「匪賊」であって、いわば異邦人にして外敵だった。もちろん当時すでに巨大化した太平天国は、「粤」人はもはや首脳部・中核をしめるだけで、とりわけ湖南でくわわった「匪賊」が多かったはずである。曾国藩がその間の事情を知らないはずもない。あえて異郷をきわだたせ、対象を絞り込んで、憎悪敵対のターゲットにすえるということなのだろう。「我が湖南・湖北や江蘇・江西・安徽」は、あくまで「脅されて」従う人々であった。

このような地域性と関わってくるのが、イデオロギーとそれにみあう体制である。湖南の田舎からみれば、広東は海外に開かれた門戸であって、なればこそ西洋の邪教に染まった。「粤匪は外夷の緒《こころ》を窃《ぬす》み、天主の教を崇める」というわけで、

上は偽君・偽相より下は兵卒・僕役まで、みな兄弟と称す。ただ天のみ父と称すべきで、他のおよそ民の父はみな兄弟、民の母はみな姉妹だからである。農民は賦を納めるために自ら耕作できない。田はみな天王のものだから。商人は利を上げるために自ら取引できない。貨はみな天王のものだから。士大夫は孔子の経を誦じえない。別にいわゆる耶蘇《イエス》の説、新約の書があるからだ。中国数千年の礼義人倫・詩書典則をこぞって、一朝のうちに一掃しつくさんばかりである。

と続く。それで結論。

これ我が大清の変なるにとどまらない。開闢以来、名教の奇変なり。我が孔子・孟子《もうし》は九原《あのよ》に痛哭せられていよう。およそ書を読み字を識る者なら、何もしないまま拱手坐視《きょうしゅざし》などできるはずはあるまい。

あまりに有名なフレーズである。これで死地に向かう郷紳たちをいよいよ奮い立たせたばかりか、以後も湘軍の戦陣訓的なテキストになった。

郷紳の立場

以上の文面からは、儒学名教の維持を強調しながら、忠君勤王にふれないこと、つまり曾国藩たちにとって、護るべきはあくまで儒教であり、清朝の存亡は第一の問題でなかったことがみてとれる。

そこから当時の曾国藩個人、ないし社会の清朝に対する距離感の大小や反満意識の有無を測ったり、あるいはあくまで「討胡(異族清朝の討滅)」をうったえた太平天国のターゲットのすり替えとみたりする向きもある。もちろんそれぞれに一理あって、たしかに一大アジテーターよろしく、格調高く煽動するレトリック・筆致であるから、そうした解釈を導いておかしくはない。

しかし当時の曾国藩の立場からみれば、のちには咸豊帝その人にも、あえて披露しようとした文章である。そんな作為的な立論にも思えない。

この文書は湘軍の中核を構成した湖南の郷紳・将校たち、ひいては湘軍への荷担が期待できる他地の郷紳たちによびかけたものである。そうである以上、かれらが抵抗なく納得できる論理だったはずで、個別の王朝より儒教を重んじるのは、当時もっと普通の感覚だったと考えてはどうだろうか。

図 14　顧炎武

これより二百年ほど前、一代の碩学・顧炎武《こえんぶ》が「亡国亡天下」というフレーズで、「国」＝王朝の興亡は、その君臣に関わるに過ぎない他人事なのに対し、「天下」＝儒教文明の存亡は、自分をふくめた「匹夫」も関わる危機なのだととなえた。顧炎武は明の遺臣を以て任じた郷紳である。疎遠な王朝政府と自らの存在を裏づける儒教文明というのは、当時の士大夫・郷紳にとって首肯納得できる論理・構図だったのであり、明末以来の社会構成を反映した意識・感覚でもあった。

その意味で「粤匪を討つの檄」の所論は、二百年の時空を越えて、「亡国亡天下」の論理構成と同一であり、また顧炎武・曾国藩にかぎらない通念でもあった。文字・文章にしてひろめたのが、学殖あるこの二人だったというだけである。清朝のみに関わる「髪」に言及しないのも、そうした論理の帰結なのかもしれない。

上帝教というイデオロギーを奉じる太平天国は、反体制・反儒教の「匪賊」を糾合して巨大勢力になった。かたや曾国藩は、太平天国の勃興を、中華文明の「開闢」以来の危機だとして、儒教の人倫・道徳を前面に出して、既成の体制に与する有力者に結集をよびかけて対抗する。一方は新興宗教の武装教団、他方はマジメ一徹の宋学信者、いわば相容れない原理主義どうし、長い闘いの幕開きだった。

IV 長江

図 15　太平天国の乱（田家鎮の攻防．100～101 ページ参照）

1 緒戦

苦い船出

湘軍のめざす目標は、湖北の省都・武昌である。しかしその道は遠い。一八五四年二月二五日、衡州を出発した水軍は湘江を下って、三月二三日、長沙に到着、湖南の中央でまず直近の動静をさぐると、局面はすでにかわっていた。

太平軍は漢陽・漢口を陥れると、そこから南下して湖南に入り、二月末から三月初めにかけて、岳州・湘陰・靖港《せいこう》をあいついで陥れ、一一日に寧郷をくだしていた。新たな軍隊の創建を伝え聞いて、長江に出てくる前に封じこめようと考えたのであろう。

湘軍の緒戦は否応なく、地元を戦場とせざるをえなかった。水軍は三月三〇日、洞庭湖を岳州まですすんだものの、四月四日、駐屯数日にして大風に襲われ、大きな打撃を受ける。沈没した戦船・輜重船二十四隻、破損数十隻、溺死した兵卒多数というありさまだった。別働隊が苦戦のすえ、寧郷を奪回していたから、戦果は皆無ではなかったものの、戦わないうちから、兵を船に収容して岳州から長沙へ撤退せざるをえなかった。戦船・大砲を回収して、何とか損害を最小限にとどめたつもりである。

太平軍は四月七日、あらためて岳州を、二四日には、湘潭を占領した。かくて長沙はその南北を太平軍におさえられて、孤立の形勢になる。いよいよ危機的な形勢だった。

このままでは長沙も危険だし、湘軍の士気にも関わる。そこで即時反攻、湘潭奪回の作戦に打って出た。これは水軍の部将・彭玉麟《ほうぎょくりん》の献策による。

彭玉麟、字は雪琴。湖南省衡陽県の出身で生員なので、やはり地元の郷紳であった。母の喪に服していたところを曾国藩が使者を出して幕下に迎えた人物である。湘軍の創設から衡州で水軍の育成にあたってきた。上の献策からもわかるように、果断有能な将才である。水師五営からなる先鋒軍をかれがひきいて、曾国藩の本軍が後詰めをする手はずを整えた。

ところが彭玉麟が先発した翌日の四月二八日朝、曾国藩が水軍をひきいて向かったのは、南北逆方向の靖港である。長沙団練の要請に従った進軍というが、抜け駆けかもしれない。このあたり表裏の事情はあったにせよ、曾国藩の軍事センスの欠如がきわだっている。岳州の敗戦はやむをえない不運もあったのに対し、今回の靖港は自ら選んだ失策だった。報いは覿面、手痛い敗戦を喫する。

実戦指揮の臨機応変もいただけない。天候不順で管制を失った水軍は、太平軍の焼き討ちに遭って、強風にもあおられ焼け沈む戦船が続出、全軍総崩れになるのを押しとどめることができなかった。統率力の不足である。

あわてて上陸した曾国藩は、軍旗をおしたて、「旗を過ぐる者は斬る」と大書し、自ら抜刀して仁王立ち、敵前逃亡を防ごうとした。しかし兵卒はかれを横目に、旗を迂回してどんどん逃げてしまう。

曾国藩は憤激絶望のあまり、悄然として歩き出すや、目前の湘江にとびこんだ。しかも二度にわたってである。左右の者があわてて救いあげて、どうにか事なきを得た。靖港の対岸の銅《どう》官渚《かんしょ》というところ、いわば自殺未遂事件である。

絶望はわからなくはない。けれども戦場・戦闘のただ中である。主将がいなくなっては敗軍の収拾もつかない。だからこれも曾国藩の軽挙妄動だった。ひたすらマジメに、思いつめてしまうらしい。

とにかくこれで判明したのは、湘軍を組織した曾国藩本人が、とても用兵のできる将器などない人物だったということである。かれ自身おそらくそれを痛感しながら、帰還せねばならない。

敗残の部隊をまとめてひきあげてきた曾国藩を迎えたのは、長沙じゅうの嘲笑侮蔑だった。大々的に揚言して出征したから、いよいよ恥辱である。失意の曾国藩は長沙南門外の高峯寺に身をひそめ、あらためて自裁を考えた。

経書に「刑は大夫に上《のぼ》さず」という。刑罰の適用されぬ士大夫は、罪があれば自裁するのがあるべきモラル、宋学実践派の曾国藩はマジメにそう考えた。

遺書が残っている。天子にあてて認めた謝罪を兼ねる上奏文だった。身に余る恩顧寵遇を承けておきながら、期待に応えられなかった力不足を縷々述べ、服喪もおろそかにし、父に家事を委ねながら、故郷を打って出ないうちに大敗を喫してしまった不甲斐なさを切々とつづった文面である。

そのなかでも、大言壮語に終始した「粤匪を討つの檄」に対する所感はおもしろい。そこに認めた目標は、何一つ成就せず、天下の物笑いになった。しかしそこにこめた志まで否定されては、死んでも死にきれない。「陛下に披露してわが決意を明らかにするとともに、士民の心を動かすことができればと思う」。自身の軍才・実務能力にはすっかり自信を失い、前途に絶望はしても、そこはやはり文才・士大夫の矜恃は揺るがない。アジテーターとして自負はかえっていやましているのがわかる。

武昌へ

思いつめていた曾国藩の命を救ったのは、捷報《しょうほう》だった。先行して湘潭へ向かった彭玉麟の水師五営は、四月三〇日に太平軍の軍船を焼き討ちして、陸兵とも協力して完勝、湘潭を奪回する。まもなく太平軍は、靖港からも離れて岳州まで撤退した。曾国藩じしんは敗れたものの、麾下の自軍が勝利を飾ったということで、やはり総帥がひとりで勝手に死ぬわけにはいかない。

そこは「一死で犯した誤りの罪が消えるわけでもなければ、志成らぬまま瞑目できるはずもない」と自身も遺書に書いたとおりである。思いなおして、非難軽蔑の声のなか、再起をはかることにした。

自裁の決意を翻した以上、一命に替えて再起を果たさねばならない曾国藩である。湘軍の再編をめざした。といっても、減じた兵を新規に徴募のうえ補充し、実戦に耐える質量の軍隊を育成するしかない。

前轍を踏まないよう、息つく間のない訓練をほどこし、賞罰をいっそう厳格にして、戦力・士気を維持するにつとめた。このとき発布した「新募の郷勇に曉諭《さと》す」という文書によれば、賊を一人殺すごとに銀十両など、戦功の褒賞を上乗せする一方、功績を偽ったり逃亡したりする兵士は、死罪に処すと定めている。

湖北の戦線は、その間も動いていた。太平軍が六月二六日、ついに省都の武昌を占領した。

二度目の占領となる。

　曾国藩はこの報を聞くや、再編成った湘軍二万に出動を命じた。七月三〇日のことである。水軍は湘江を北に下り、陸軍は東・西・中の三路から北上した。途中の要衝はやはり岳州である。一ヵ月近い攻防のすえ、ようやく岳州を奪回した。新たに補充した洋式大砲が功を奏したといわれる。

　岳州・洞庭湖を突破した湘軍の各部隊は、一〇月に入ると長江に出て、八日に武昌の上流に位置する金口鎮《きんこうちん》に会した。いよいよ武昌の攻撃である。一二日に開戦、湘軍の勝利が続き、一四日には武昌はじめ、対岸の漢口・漢陽も奪回した。ここでも彭玉麟ら率いる水軍の活躍がきわだっている。水戦で敗れた太平軍は、九江に撤退した。

　靖港の敗戦・銅官の入水という惨めな体験からおよそ半年、曾国藩はようやく当面の目標を達する。省都の回復というめざましい戦果をあげた湘軍も、一躍名を馳せ、その存在も重きをなしてきた。

田家鎮

　もとより戦争が終わったわけではない。むしろ長江に出たここからが、本格的な対戦である。自軍の勢力をひろげねば、またぞろ武昌・湖南が脅威にさらされるかもしれない。したがって

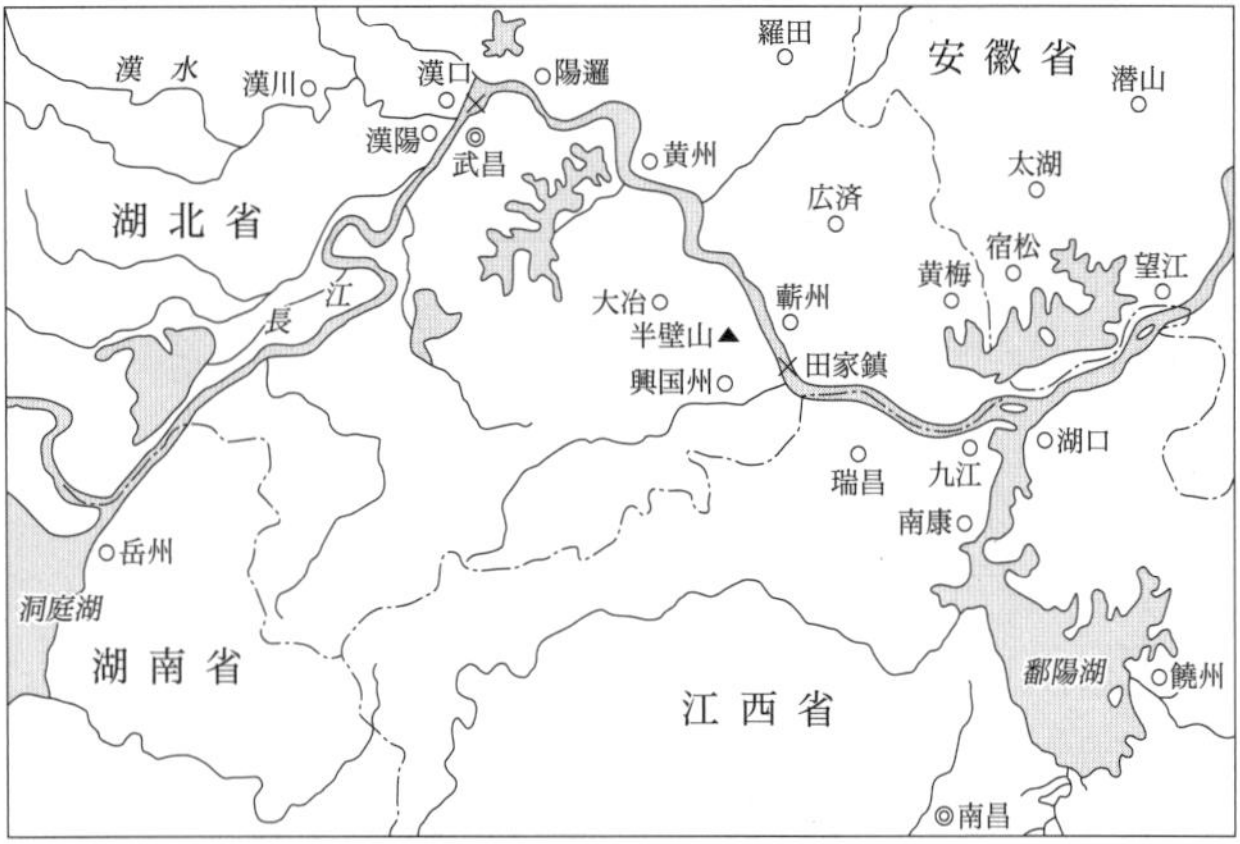

図16　田家鎮攻防関連図

湘軍が次にめざすのは当然、退いた太平軍の追撃であり、その拠点・九江の攻撃である。

しかしそこに到達するには、田家鎮という難関を越えなくてはならない。前年に江忠源が敗れた湖北省東端の要衝である。太平軍はここを占拠して以来、上流の蘄《き》州まで、沿岸およそ十五キロ余に城塞を設け、武昌から撤退した後は、兵十万を駐屯させた。

また田家鎮では、南岸の半壁山《はんぺきさん》まで鉄鎖二本を渡し、長江の江面を塞ぐとともに、繋留した筏を砲台代わりに連ねて、迎撃態勢を整えている。著名な三国志・呉の故事にもとづく布陣であった。

攻め下る曾国藩は一一月に入って、田家鎮の攻撃を決行した。長江上の水軍と南北岸の陸軍との三路並進で東下、南岸一帯を陸軍が制圧したうえで、決死の水軍が砲弾の雨のなか、田家鎮の鉄鎖まで達し、焼き切って江面を正面突破した。かくて千艘に近い太平軍の船団を急襲、焼き討ちしてほとんど全滅させる。

かくて田家鎮を守備していた太平軍は、兵をまとめ、営塁に火を放って九江へ撤退した。時に一二月二日。湘軍は二月の挙兵以来、およそ十ヵ月のうちに湖南・湖北から太平軍を一掃したわけである。

田家鎮の戦勝は、太平軍と互角以上に戦える数少ない軍隊として、あらためて湘軍の名声をあげた。とりわけ勇猛果敢な戦いぶりで武功を重ねた彭玉麟ひきいる水軍が、天下の耳目を集めている。

しかし武運・順境はそうそう続くものではなかった。湘軍はさらに東下し、江西省に歩をすすめたものの、そこでまたもや苦境に立たされる。

2　苦　境

大　敗

田家鎮を突破し、意気あがる湘軍は、水陸全軍あげて、敵軍の拠点・九江に向かった。西暦の年の明けた一八五五年一月二日、曾国藩の本隊も到着している。その指揮のもと、同月九日・一八日、くりかえし九江府城に攻撃をくわえた。しかし太平軍も防戦につとめ、九江は落ちそうにもない。

そこで曾国藩は、長江と鄱陽湖《はようこ》とが接する湖口鎮《ここうちん》を奪い、水路と陸路に軍を分けて、九江を攻めることにした。水陸全軍は九江をやりすごして、湖口の攻撃にとりかかる。

ところがここで湘軍の到来を待ちうけていたのは、太平天国最高幹部の一人・翼王の石達開《せきたつかい》である。ずっと実戦で指揮をとってきただけあって、その作戦能力ははるかに曾国藩を上回った。

湘軍があらためて二九日、湖口に攻撃を加えると、むかえうった太平軍は、相手を分断する作戦に打って出る。湘軍の水軍のうち、船足の速い機動船団を鄱陽湖に誘いこんで閉じ込め、大船ばかりの本隊を長江上に孤立させた。そして二月一一日、夜陰に乗じてその本隊の船団を奇襲し、焼き討ちをかける。焼失した戦船は百隻あまり、曾国藩搭乗の旗艦も包囲、鹵獲《ろかく》された。

曾国藩本人はすんでのところで下船、陸上に逃れる。けれども、焼失をまぬがれた本隊の戦船は、たちまち長江をさかのぼって逃亡をはじめ、陸上でも西に敗走する部隊が続出した。

どうも既視感のある光景だといえよう。曾国藩は案の定、憤激のあまり、またもや水中にとびこんで自尽をこころみた。左右に助け上げられると、あらためて自裁を覚悟したというのも、くりかえしである。

後年まとめられた「年譜」には、この時の事件を「策馬赴敵（単騎で敵陣に突入しての斬り死に）」と表現するものの、文字どおりそこまでこころみた事実は確認できないから、いささか漢語流の誇張表現とおぼしい。もちろん今回の自裁も、団練発足以来の盟友・羅澤南ら幕僚におしとどめられた。

さすがに自殺未遂も二度めになれば、狂言だといわれてもいたしかたない。その心底ははかりしれないけれど、憤怒と絶望を心中にとどめるだけでは気がすまず、行動で表現しようとしたのは、やはりマジメ一途のあらわれではあろう。

孤　立

ともかく大敗だった。石達開は水陸あわせて二万の湘軍をズタズタに分断したうえで、自軍を湖北省内にすすめた。その太平軍は二月一六日、湖広総督楊霈《ようはい》ひきいる官軍を広済でやぶり、二三日に漢口・漢陽を占領する。ついで四月三日、そこから長江をわたって陸上から進軍した別働隊と挟撃して、武昌を陥れた。このとき湖北巡撫陶恩培《とうおんばい》が陣没している。

戦局はこうして、一年前の湘軍挙兵以前の形勢にもどった。いわば振りだし、いな清朝側にとっては、それより戦局は不利だったかもしれない。

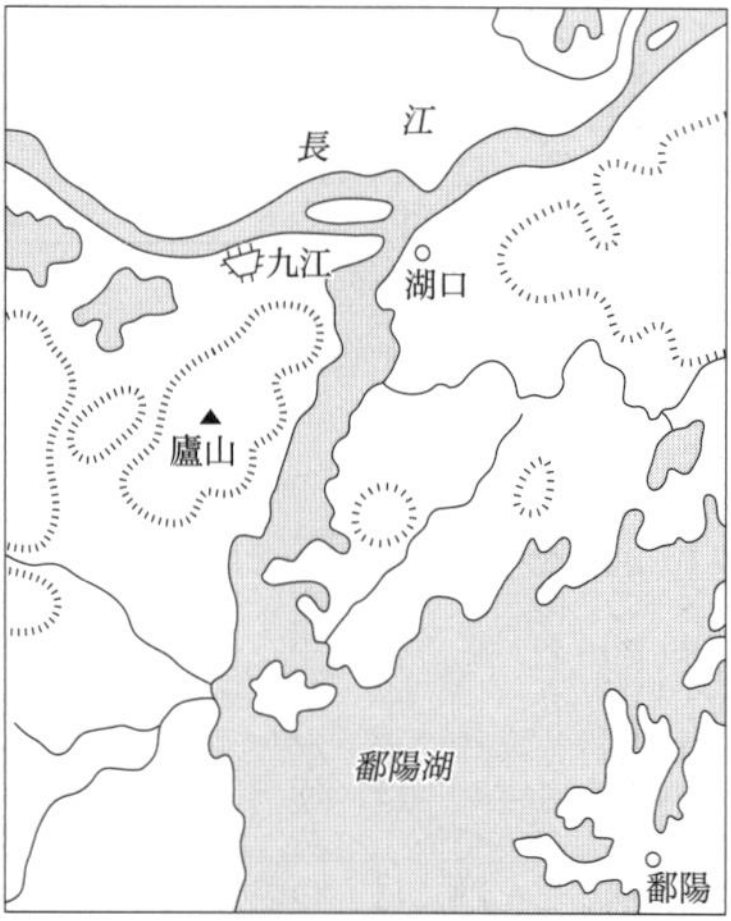

図 17　九江略図

太平軍は長江中流では安慶を拠点に、九江で湘軍を撃退して江西省の大半を制圧し、さらに上流の武昌を占拠、そこから湖北・湖南にも作戦を展開した。それに対し、長江筋の清朝側は、諸軍が各地に分散孤立し、たがいの連絡さえ、ままならない。

曾国藩の湘軍も事情に大差なく、孤軍同然である。もはや湖南に撤収もできなかった。目下確保している地点を維持しつつ、血路をひらくほかはない。さしあたって、足溜まりの拠点を南昌に設けた。江西省の省都で、かつて江忠源が死守したところであり、九江に対する反攻をねらったものである。

しかしここも安全ではない。優勢な太平軍に荷担する江西の地元民は、決して少なくなかった。しかも湘軍は郷里を離れて大敗したため、士気もいよいよ低下する。厳禁していた民間からの掠奪も、公然とおこなわれはじめた。

さらに曾国藩を苦境に追いこんだのは、訃報である。一八五五年八月末の部将・塔斉布《タチブ》の病死、そして翌年四月の盟友・羅澤南の戦死であった。

前者は満洲旗人、もと官軍の指揮官ながら、湘軍の創設以来、ずっと曾国藩の右腕として一方の副将をつとめてきた人物である。このとき九江を攻撃すべく布陣していたところ、喀血のすえ急死した。享年三十九。

後者はすでに登場したように、ともに湘郷団練を結成して以来、曾国藩に最も近い腹心である。戦局の挽回をはかるべく、一八五五年九月、五千の兵で武昌奪回に向かったものの、城外での交戦中に銃弾をうけた負傷がもとで歿した。その死を悼む「羅忠節公神道碑銘」は、江忠源に対するものと同じく、文章家としての代表作の一つ、曾国藩の歎きをよくあらわしている。

かくて一八五六年は長江筋に関するかぎり、太平天国の側が圧倒的な優勢で、南昌に籠る曾国藩も、前途にほとんど光明のみえない頽勢だった。このままでは、とても敵に対抗できない。坐して敗亡を待つほかなかったのである。


畏怖?

しかし孤立・孤軍というなら、何もこの時にはじまったことではない。湘軍は団練を母胎とする民間の義勇兵ながら、天子の命をうけて、元中央高官が組織したものであり、湖南あるいは他の当局との提携のもとで、活動してきた。その意味で官軍に準ずる扱いだったはずで、建前は確かにそうであろう。

しかし現場の感覚・実態は、やはり異なっていた。話は少し前にさかのぼる。二年前の一八五四年一〇月に湘軍が武昌を奪回したとの報が、北京の咸豊帝の許にとどいたのは、およそ一週間後にあたる咸豊四年八月の末。太平軍の蜂起以来、ほとんど初めてといっていい吉報である。

年若い帝が有頂天になるのもやむをえない。九月初五日(一〇月二六日)、曾国藩をその功によって、臨時湖北巡撫に任命した。

こうした論功行賞による昇進・任命は慣例上、ひとまずは儀礼的、形式的に辞退してみせる。儒教礼学にうるさい曾国藩なら、なおさらだった。辞退の上奏文を北京に送ってまもなく、おそらくそれが帝の手許に達するより前に、ふたたび勅命がとどく。任命とりけしの辞令だった。その間およそ一週間。

曾国藩の感慨はわからない。しかし快いはずはなかった。辞退は形式的な謙譲にすぎず、ふつうは拝命受諾で落着するから、はや湖北巡撫になった気でいてもおかしくない。任命の勅命を即時撤回というのも異例だった。

そこで曾国藩の側でささやかれたのは、中央官界のかれに対する嫌悪感である。それを伝えるのは、以下の会話。

「意《おも》はざりき、曾国藩は一書生たるに、しかるに能《よ》く此《か》くのごとき奇功を建つるとは」。
「曾国藩は侍郎を以て籍《こきょう》に在るも、猶ほ匹夫なるのみ。匹夫、閭里《きょうり》に居りて、一呼幅起せばこれに従ふ者万余人。恐らくは国家の福に非ず」

以上は曾国藩の門弟・薛福成《せつふくせい》が一八八七年に記した文章の一節で、曾国藩関連の著述なら必ず、多かれ少なかれ引用してきた。戦勝と武昌奪回を喜んでいた咸豊帝は、大臣に諭されるや顔色を変えて、あわてて巡撫の任命を取り消したという。「一書生」「匹夫」というべき一民間人の身にして、官軍のなしえなかった「奇功」をあげるような人物、しかも漢人に大官の権限をあたえては、異端の勢力を増長させることになりかねない。清朝中央としては、忌むべきではないか。

たしかに以後、曾国藩は八年もの間、任官しないままであった。それは清朝の猜疑と畏怖のあらわれだというわけである。

位　置

以上は実在の経過として、すでにほぼ通説化しているプロセスながら、しかしこれには疑問が払拭できない。皇帝と「軍機大臣」との間で、ほんとうにこうしたやりとりがあったなら、それは人事異動の勅命が下る前にあってしかるべきである。いったん辞令を発出しながら、一週間たって取り消した手続きに合致するいきさつとは思えない。

湖南の「匹夫」の巡撫任用は、すでに江忠源の例がある。だから曾国藩の任命も、まずはそうした先例にのっとったものだろう。

それなら前言撤回は、かつての江忠源と目前の曾国藩で、手持ちの勢力・影響力のちがいを考慮したのであろうか。しかし曾国藩・湘軍の劣弱・敗北を叱咤したのも、同じく天子・中央であった。それが「奇功」を収めるや、にわかに警戒するのも、いささか両極端な反応ではあって、また猜疑が過ぎるのではないか。

薛福成の叙述そのものが、どうも曾国藩の名声・勢力が上がってから、異例の長期の不遇を強調するため、まことしやかに伝わった逸話とも解釈できる。いずれにしても、確実な史実経過とみなすべきものではあるまい。

それなら「軍務を辦理せしむ」という二度めの勅命の文面を、そのまま真に受けたほうがよいとも感じる。中央政府としては、なまじいに正規のポストを与えて、現地の公務を兼ねさせるより、働きのよい軍事力は戦闘に専念させたほうがよい、と思いなおしただけかもしれない。そうした点、中央はむしろ湘軍を単なる南方「匪賊」用の戦闘ツールとみていたわけで、関心・同情が薄かったにすぎないと考えるべきだろう。

だとすれば、上に引用したやりとりを構成する論点・現状として注目すべきは、「匹夫」＝郷紳・郷勇と「国家」＝王朝政府が隔たって、両者の必ずしも嚙み合っていない疎遠な関係ではなかろうか。つまりは「大清の変」にとどまらない「名教の奇変」をうったえた「粤匪を討つの檄」、ないし「亡国」＝王朝滅亡は「匹夫」に関わりないという顧炎武の「亡国亡天下」テーゼと、やはり同じ構造なのである。

そこはあくまで湘軍集団の立場、みかたにほかならない。清朝政権・中央政府との距離、ないし官界からの疎外をあらためて自覚したという意味になろう。自分たちに関心が薄く、冷淡な北京政府に対し、鬱積した不満を表現した事後の逸話とみるほうがよい。ともかく当時の湘軍がそれだけ周りから浮き上がり、孤立感・不遇感を強めたことは確かなのである。

異形

別の方面から確認してみよう。湘軍はあくまで曾国藩の私兵であった。それはまちがいない。もっともその種の軍隊は当時、湘軍ばかりではない。同様の団練・郷勇というのは、当時おびただしく存在していた。

だとすれば、孤軍ないし官軍・官界との距離感は、多かれ少なかれ共有するところだったはずで、問題は湘軍のみ、こうしたエピソードが伝わり、曾国藩のみ、恐れられたという点にある。それはひとえに湘軍が精強で、最後に太平天国を打倒したという実績につきるのであり、それならそれはなぜか、という問いに答えねばならない。

すでにみてきたとおり、湘軍は太平軍と互角に戦ってはいても、必ずしも凌駕していたわけではない。総帥の曾国藩はじめ、戦争に不慣れな書生・農民の構成していた軍隊なので、むしろ劣弱ではあった。しかし何度も手痛い敗戦に遭いながらも不撓不屈、くりかえし再起してついには優越したのである。

湘軍は当時としては高給を支払ったから、貧しい農民は争って応募加入した。しかし戦闘は苛酷で、給与の支払いも滞りがち、数ヵ月はおろか、一年以上も未払いが続いたこともめずらしくない。それでも自壊する部隊は出なかった。

曾国藩もずっと軍事費の不足に苦慮している。挙兵早々から、「軍の統率より軍費の調達のほうが難しい」と歎息が絶えなかった。それだけに経費の節減と軍律の強化に意を用いたし、また部下もよくそれに応えている。

そもそも貧しい土地柄のゆえに、困苦欠乏に堪えうる気質の湖南人の集団ではあった。逆境にあっても統制と規律を崩さなかったのは、曾国藩が徹底して自身の私的な縁故関係で組み上げた組織も手伝って、上下の信頼感が強かったからであろう。

既成の官軍はいわずもがな、出自・性格の相似たほかの団練・郷勇も、湖南の読書人や農民が示した特有の堅忍不抜の資質は持ち合わせていなかった。戦闘をあえて忌避し、形勢を観望していたことも、決してめずらしくない。それがむしろ普通だったから、湘軍がとことんマジメに敵軍・「匪賊」と交戦するのは、どこでも多かれ少なかれ、かえって迷惑に感じたことであろう。迷惑どころか、敵味方を問わず、犠牲者を増やしていたのもまちがいあるまい。

ともかく湘軍は、異形異質な存在だった。同じ清側の諸軍よりも、信仰と連帯感で鞏固な団結力を有し、敢然と敵に立ち向かった太平天国軍のほうに似ていた面が多い。互角にわたりあえたゆえんであろう。

財　源

湘軍はかくて、乏しい軍費でもちこたえ、低コストの軍事行動を続けていた。それでも財源の欠乏は深刻である。すでに述べたとおり、将兵に対するその厚遇はきわだっていた。官軍の数倍にのぼる給与を支給していたから、それをまかなうだけでも、膨大な経費の捻出が必要である。

それに対する政府当局の手当は、一切なかった。そもそも清朝はウルトラチープガバメントである。財政規模はごく小さく、軍事費のしめる割合は高かったとはいえ、絶対額が少ないのだから、官軍への俸給もわずかにとどまった。しかも当時は太平天国をはじめとする内憂外患によって、税収の減少・軍費の増大をきたし、既成の財政系統も崩潰に瀕する。恒常的な団練・郷勇の援助など、とても不可能であった。

かくて各地の団練・郷勇の軍事支出は、自辨・現地調達が原則となる。湘軍の経費も曾国藩が自らまかなっており、これを「就地籌餉《しゅうちちゅうしょう》」と称した。

といっても、特別な方法があるわけではない。行く先々で資金の醵出を募っただけながら、その方法にはいくつかバリエーションがあって、主要なものを「捐納《えんのう》」と「釐金《りきん》」という。

「捐納」とは寄付醵出のみかえりに、官僚の資格や職位などを与える方法、要は売官である。「捐」という漢字は、近年の日本では使わないけれども、「義捐金」ということばがあるように、寄付の意味になることが多い。捐納の場合は、官界に関心のある富裕層から資金を出させるというコンセプトで、もともと中央政府の所管だったものである。太平天国などの内乱で軍務繁多・軍需緊迫の情況になってきて、各地の軍営に移管された。曾国藩も挙兵当初、咸豊四年にこの捐納を活用し、湖南・江西・四川の各地で資金を調達している。

「釐金」は「釐捐」ともいうので、やはり寄付醵出の意であり、その点は「捐納」とかわらない。ただこちらは主として、在地の商人を対象とする。もともと商人団体の慣行だった共益の寄付を当局の収益に転用したもので、やはり太平天国など、内乱鎮圧の軍費をまかなうためにはじまった。

取引や慣行のありようが各地で異なっていたので、釐金の徴収方法も、千差万別である。集散地のマーケットで有力な商人団体が、一定の特権を得る代わりに一定額の納入をひきうけたり、また関税よろしく、商業ルートの各地に徴収所を設けたりした。曾国藩はこの収入を活用して、湘軍の財源をまかなうことができたのである。

曾国藩が「匹夫」であるうちは、なお軍事活動も資金調達もボランティアだった。つまり体制からすれば、異質逸脱した位置づけである。しかしそれがそのまま永続はしなかった。そこに一つの歴史的な転換を見いだすことができる。曾国藩が正式に任官するとともに、湘軍の位置づけも「就地籌餉」も制度化され、後代も永く引き継がれていった。その局面はあらためて後述でとりあげたい。

3　回生

内訌

一八五五年はじめに江西省に入り、まもなく大敗を喫してからおよそ一年半、曾国藩は敗残のまま南昌に逼塞して、身動きがとれなかった。その間に腹心を亡くしてもいる。前途に希望はみえない。

ところが一八五六年の九月に入ると、想定外の事態が突発した。太平天国首脳どうしの内訌《ないこう》、いわゆる「天京事変」である。

太平天国の首脳部はいわゆる「五王制」で成り立っていた。上帝教の教祖教主にして最高指導者の天王・洪秀全が任命した、東・南・西・北の四王およびかれらを補佐する翼王の五人のリーダーの謂である。

そのうち南王の馮雲山・西王の蕭朝貴が戦死したことはすでにふれたとおり、また翼王の石達開が曾国藩・湘軍をねじ伏せたことも述べた。残るは「東王」楊秀清《ようしゅうせい》と「北王」韋昌輝《いしょうき》であり、この二王の内訌が「事変」の発端である。

東王の楊秀清は貧しい炭焼きの出身で、太平天国発足当時から、洪秀全に次ぐナンバー・ツーの地位にあった。というよりも、現実の政治・軍略を一手に引き受け、実質的な指導者だったといってよい。天京に一大政権を形づくり、清朝の存在すら脅かすまでに組織を成長させたのは、かれの手腕であり功績である。そのため権力はもとより、勢威すら教主の洪秀全を凌いだ。

いわゆる内訌とは、天王・教祖をないがしろにして憚らない東王の勢力を排除すべく、北王の韋昌輝がおこしたクーデタである。一八五六年九月二日(咸豊六年八月四日)、南昌戦線から天京にとってかえした韋昌輝は、楊秀清とその一派数千人を惨殺した。もとより洪秀全の意向を受け、翼王の石達開も援助している。

古今東西、いかに純粋な信仰ではじまった宗教も、いかに切実な動機におこった世直しも、そのまま純粋切実を保って、永続することはありえない。早晩、政治組織・権力体制に転化、堕落する必然は、歴史が証明するところである。

上帝会・太平天国もその例にもれない。そして政治体制なるものは、必ずあくなき権力闘争を生み出すものである。「事変」はかくて、北王のクーデタばかりで終わることなく、いっそう拡大していった。

北王・韋昌輝はさらに、その暴虐を批判した翼王・石達開を亡き者にしようとする。一族を殺害され、かろうじて根拠地の安慶に逃れた翼王は、一一月に軍をひきいて天京に襲来、韋昌輝を攻撃して復讐をとげた。

ところが翌年六月、その石達開も洪秀全とその側近に憎まれて、天京から出奔する。従うその麾下は、およそ二十万といわれた。石達開は以後、六年ちかく、清朝に帰順することなく、南方各地を転々として戦いつづけ、最後は四川で捕縛、処刑される運命をたどる。太平天国はこうして一年のうちに、その中枢を大きく欠落させるにいたった。

服喪

敵の蹉跌は、自陣の幸運にほかならない。これで少なくとも長江筋の戦局は、大きく転換せざるをえなかった。韋昌輝は南昌方面、石達開は武昌方面の司令官であり、そろって不在となったため、湘軍もいわば九死に一生を得て、反撃にとりかかることができたからである。曾国藩もようやく愁眉を開く思いだった。

一八五六年末、故羅澤南の門弟でその後継の地位をしめた李続賓《りぞくひん》が、その精鋭部隊を率いて、ふたたび武昌を攻撃、奪回した。守将だった太平軍の韋志俊《ししゅん》が韋昌輝の弟だったので、天京はその救援の求めに応じなかったともいう。

李続賓の部隊が一八五七年一月、武昌から長江をくだって九江に到着すると、散り散りになっていた諸軍も、そこに集まってきた。あらためての九江攻撃である。曾国藩も南昌を出て瑞州に到着、九江の包囲態勢をつくっていた矢先の三月はじめ、とびこんできたのは、父・曾麟書の訃報であった。

曾国藩はただちに服喪のため、前線・軍務を離れて帰郷することを決意する。同じく瑞州にいた曾国華、江西省吉安《きつあん》の軍営に赴いていた曾国荃らと、兄弟ともども三ヵ月の休暇をもらって湘郷に帰った。兄の苦戦を聞き、故郷を離れて新たに参戦していた弟たちである。

曾国藩はこの帰郷中、公私にわたることどもを、じっくり考えることができた。実家の一切を任せておいた父が亡くなり、家中をどう立て直したか、についても家族とのやりとりから、おおよその様子はうかがえる。そこに立ち入る暇はないので、さしあたり先の見えぬ苦境から脱した公人としての存念をみてみよう。

そこで注目に値するのが、三ヵ月の休暇が終わるまぎわ、曾国藩はとくに上奏して、服喪を通例どおり二十七ヵ月間、完遂したいと申し入れたことである。亡母の服喪も中断して、団練組織を拝命した。このたびもわずか三ヵ月で打ち切られては、いかにも孝道に背く。戦局も挽回してきており、自分一人くらいいてもいなくても、大局に影響はあるまい、というのがその理由であった。私情にくわえ、純軍事的な実務の側面でいっても、かれ自身のおそらく正直な所感だっただろう。

構想

かたやその上奏を受けとった咸豊帝ら北京政府は、しかし上に述べたように、曾国藩らを戦闘ツールとしかみていないから、服喪休暇の延長は、もちろん却下した。戦局重大な時機、休暇があけたら、ただちに戦線にもどるべし。ついては兵部《へいぶ》侍郎《じろう》代理に任命し、九江の奪回・江西の回復を達成したら、あらためて服喪の休暇をあたえる、との回答であった。兵部侍郎はさしづめ国防次官というところで、北京中央の官職である。

曾国藩はこの回答に接して、どうもカチンときたらしい。折りかえし辞令返上を申し出た。あくまで孝を全うしたい、というのは、私人としての心情ではありながら、公人としては多分に建前だろう。本音はこのまま戦場に復帰して、従前とかわらぬのは願い下げ、というところだった。

服喪を短縮して「奪情」するなら、応分の処遇改善を求める、と読める文面でもあって、そんな目前の境遇を、あらためてくわしく上奏している。つまり自身と湘軍が孤軍たるゆえんであり、そこには敗残という戦局以外に、いっそう根本的な原因があるというのが、その趣旨にほかならない。

招かれざる客というのが、自分たちが痛感した戦地の境遇だった。現地当局からはほとんど支援が得られない。むしろ阻碍掣肘《そがいせいちゅう》ばかりだった。とくに「就地籌餉」となっている軍費が問題である。

駐屯先のあらゆる税収は、現地当局が掌握していて、軍糧の補給を求めても応じない。釐金を徴収しようとしてもことさら妨げるし、捐納してくれた人々に重ねての誅求も辞さなかった。官吏は上司の顔色をうかがい、郷紳も当局の処罰を恐れて、協力的になってくれない。これでは十分な軍費調達もおぼつかないし、ましてや軍事作戦をすすめることも不可能である。

そこに兵部侍郎を拝命したところで、ほとんど意味はなかった。実地の「巡撫の地位にあって下僚を監察できる権限がなくては、軍隊の指揮はできない。できても兵站補給にまで手が回らない」。つまり湘軍・義勇軍をひきいて太平軍・反乱軍・「匪賊」と戦うには、現地の総督・巡撫という地位・権限が欠かせないという結論に達した。けだし後述の、いわゆる「督撫重《じゅう》権《けん》」体制のまとまった構想を披瀝したものなのである。

おそらくはじめて公然と表明した不遇感・将来構想だったといってよい。そうした点で、三年近く前に咸豊帝が一喜一憂した、という先にみたエピソードとその解釈につながってくる。筆者が通説に疑念を禁じえなかったのは、今回の服喪以前に、こうした曾国藩の構想や意欲は、確認できないからである。

北京を離れて、はや四年。「匪賊の国」で戦場の軍務に明け暮れるなか、かれなりの経験にもとづく政見が、ようやく形をなしつつあった。それは京官時代とはやはり次元の異なるものであり、しかも以後の中国の命運を決定づけた体制構想でもある。

それをこの時まとめあげ、表現しえたとすれば、かれ自身にとっても、中国全体にとっても大きな画期だった。やはり親近の喪葬に転機が訪れるのが、曾国藩という人物のめぐりあわせらしい。

もっとも、そんなポスト要求・権限拡大の要望を鵜呑みに聴いてしまうほど、北京も鷹揚寛大ではない。太平天国の内訌も手伝って、全土の戦局にやや余裕がでてきたこともあった。曾国藩に返ってきたのは、いったん授けた兵部侍郎の職をただちに解任する辞令である。希望どおりそのまま服喪してよろしい。緊急の事態がおこったときには、すぐに駆けつけられるようにしておけ、とも命じていた。

ともあれ曾国藩は、これでしばらく戦線を離脱、故郷で形勢を観望することになる。確かに戦局は、ひきつづき有利に展開していた。曾国藩兄弟もいささか安堵して、家事に勤しむこともできたようである。

一八五七年九月になると、湖北の太平軍を一掃した湘軍も、九江の攻撃にくわわって、厳重な包囲作戦を展開する。そして一〇月下旬には、かつて鄱陽湖と長江に分断されていた水軍も、二年十ヵ月ぶりに合流できた。つづく半年あまりにわたった激しい攻防のすえ、一八五八年五月に九江は陥落する。

太平天国の一万七千あまりの占領軍は全滅。文字どおり一兵も残さなかった。これまで撤退をみのがすと、必ず手痛い反撃を喰らってきた経験によるもので、玉石ともに砕く徹底ぶりは、かつての審案局と同じ文脈にある。現地社会の動向が順逆さだまらぬ情況にある点で、ともに共通していた。

すでに戦闘は大規模になっていたため、そうした手法をとると、殲滅戦にならざるをえなくなる。太平天国との内戦もちょうど折り返しの時点にあたり、いよいよ犠牲者が増す趨勢にあった。

曾国藩が故郷の湖南を発って、戦線に復帰したのは、そんな九江陥落後の一八五八年七月、一年四ヵ月ぶりのことで、八月一九日に九江着、戦果の報告をうけている。なお太平軍の占拠下にあるのは江西最大の経済都市・吉安で、そこにはあらためて弟の曾国荃を派遣、新募の湘軍の一隊を率いて攻撃を加えさせた。

一進一退

武昌を中心とする湖北は、すでに回復している。九江を中心とする江西も奪回目前だった。いよいよ下流の安徽省、長江沿いの要衝・省都の安慶が目標になる。

かつて苦杯を嘗めさせられた名将・石達開ももはやいない。李続賓麾下の精鋭を派遣したから、攻略は時間の問題だ……

——というのが、けだし曾国藩の見通しだっただろう。いかに慎重居士のかれでも、この時期は戦局のなりゆきを楽観していたにちがいない。

ところがやがて届いたのは、驚愕の知らせだった。派遣部隊全滅の報告である。さすがに耳を疑った。

さきに湖北を奪回、平定したのも、この部隊である。曾国藩の弟・国華も従軍していた。湖南から九江に向かう途上、弟の健闘をねぎらって別れたばかりだったのである。

曾国藩を九江へと見送ったあと、李続賓・曾国華ひきいる部隊は、湖北から安徽に入り、太湖・潜山《せんざん》・桐城などをあいついで攻略、いわば破竹の勢いだった。目的はもちろん安慶の攻略にある。背後の各地を攻略したうえで包囲しようとのねらいであった。

その湘軍を破ったのが、新たに登場した太平天国の名将、陳玉成《ちんぎょくせい》と李秀成《りしゅうせい》である。二人は九月に入って、天京攻撃をうかがう清軍の拠点を抜くと、転じて長江を遡行、安慶の防備に赴いた。一一月一五日、舒城に近い三河鎮《さんがちん》で、湘軍の精鋭六千人あまりを、主将の李続賓・曾国華もろとも殲滅したのである。

曾国藩は文字どおり、悲歎に暮れた。親族・仲間の戦死はもとより悲しい。しかし劣らぬ歎きは、苦境の再来である。「大局糜爛《びらん》」「大局決裂」との歎声をくりかえさざるをえなかった。漢語的な誇張ながら、太平天国の内訌から続いてきた湘軍・清側の優勢が、これでまったく挫かれたのはまちがいない。

またもや湘軍は再建をはからねばならなかった。曾国葆《こくほ》・李続宜《ぞくぎ》たちが湖南へ帰り、新兵を募集している。名前から一目瞭然、それぞれ亡き曾国華・李続賓の弟であって、もちろん兄の復仇を期しての帰郷だった。

かたや太平天国の側も、布陣を新たにしたばかりである。要衝の安慶の安全を確保した以上は、なるべく動揺をおさえて、体制を安定させる必要があった。しばらく軽挙妄動はつつしむにしくはない。

図 18　安慶攻防関連図

戦局はふたたび膠着するにいたった。太平天国の決起にはじまり、多難をきわめた十年間・一八五〇年代は、こうして先の見えぬ戦時状態のまま暮れてゆく。次の十年紀、来たるべき嵐の前にもみまがう静けさであった。

4　転機

一八六〇年

明けて一八六〇年。世界史の上からみ

ても、大きな転換の年だったといえる。インドでは大反乱が鎮圧されて、イギリスの直接支配がはじまっていた。地中海では、赤シャツ隊の義勇軍をひきいたガリバルディがシチリア・ナポリを征服し、イタリアの統一は現実の日程にのぼりはじめる。アメリカでは奴隷制度に否定的なリンカーンが大統領に選ばれ、南北の対立がいよいよ高まってきた。

そして東に目を転ずれば、日本では三月に桜田門外の変がおこる。大老井伊直弼が斬られて、徳川幕府の威信は失墜した。その痛手から立ち直れないまま、十年たたないうちに、幕府の余命はつきてしまう。

シナ海を越えた大陸では、十年つづく内乱に、なお終わりがみえなかった。しかもその情況に、外患までくわわっている。

数年前にはじまったいわゆるアロー戦争で、イギリス・フランスは連合軍を派遣して広州を占領し、一八五八年に天津で条約を締結した。日本の井伊直弼が結んだ安政条約の直前である。ところがそれでことは収まらない。その後に攘夷運動や薩長の対外戦争にいたった日本の場合とも類似しているだろうか、清朝と英仏の間でも、その後の交渉がこじれたあげく、再度の軍事衝突に帰結した。

一八六〇年は清朝の元号でいえば咸豊十年。英仏連合軍はその夏に首都・北京を攻撃、占領した。有名な円明園の掠奪・放火があったのも、この時である。咸豊帝とその朝廷は難を避け、熱河《ねっか》への蒙塵《もうじん》を余儀なくされた。首都の清朝政権それ自体が、窮地に陥ってゆく一方で、南方で続いてきた内乱も、いよいよ新たな局面を迎える。

江南侵攻

態勢をたてなおした太平天国も、新たな動きをみせはじめた。行動をおこしたのは、一八六〇年があけて早々である。陳玉成が安徽省桐城より西進し、潜山・太湖方面で再建した湘軍と交戦を開始した。安慶の攻略をめざす清側に対抗し、湖北奪回をはかろうとするものである。

図 19　1900 年ころの円明園（公益財団法人東洋文庫所蔵）

しかし清軍も手をこまぬいてはいない。すでに一八五八年、天京の東に江南大営を再建しており、この年のはじめには近隣の要地を占拠し、ふたたび大がかりな天京包囲を完成させようという形勢だった。

太平天国としては、またも危機的な情況である。いな、清軍が間近に迫ってきたのをみて、危機感がつのって焦慮を重ねたというべきであろうか。

天京に君臨する最高指導者の洪秀全は、内訌を経験してから、いよいよ警戒を強め、引きこもり同然の状態になっていた。敵対しそうな勢力の存在には、自ずから過敏になっていたし、敵軍の包囲なら、なおさらであろう。こうした条件は、以後の太平軍の軍事活動にも影響した。
とにかく包囲を解かねばならない。対処にあたった李秀成は、安徽省の蕪湖《ぶこ》より広徳州を経、迂回して浙江に進入、杭州へと軍をすすめた。南方から包囲軍の背後をつこうという作戦だった。すでに遠征していた陳玉成は、呼応して西から軍を返し、江浦《こうほ》の後背地を北から襲撃しようとする。やはり包囲軍の背後をつく行軍だった。

四月、杭州からとって返した李秀成は、北方の陳玉成軍と呼応して、天京へ軍を進める。四月二七日、天京南東の淳化鎮《じゅんかちん》で背後から包囲軍を襲って敗走させると、五月に入り、陳玉成の部隊と合流して、江南大営に猛攻をくわえた。同月六日、その全軍を鎮江に潰走させる。

天京にとっては二度目の包囲破壊作戦の成功である。これで意気あがった太平天国は、まもなく次の作戦に打って出た。

東征である。太平天国はこれまで、自らが行軍してきた西方への関心が高く、西征に力を注いできた半面、東には冷淡だった。最も富裕な長江のデルタ地帯を久しく坐視してきたのは、おそらく戦略としては失策である。

ここで遅まきながら、その戦略価値に気づいたのだろう。東征によって江南の富と西洋諸国との友好関係を確保して、あらためて長江中流方面への反撃に転ずる方針だったとおぼしい。

李秀成麾下の大軍は五月一五日、天京を出撃、一気に江南デルタの平野へ展開した。句容《くよう》をへて江南大営の残党が逃げこんだ丹陽《たんよう》に進撃、一九日に占拠した。二六日には常州、三〇日に無錫《むしゃく》を占領、六月二日には中心都市の蘇州を陥れ、ここを蘇福省と改めた。わずか半月の電撃戦である。

迎え撃つはずの蘇州の清軍は、たちまち総崩れ、例のごとく敗走した。撤退にさいして城外の民居に火を放ち、掠奪をほしいままにしたから、住民は太平軍の入城を歓呼して迎えたという。

蘇州を占拠した太平軍は、さらに崑山《こんざん》・嘉興《かこう》・太倉州《たいそう》・青浦《せいほ》を攻略し、七月のはじめには、上海から二十キロしか隔たらない松江《しょうこう》も占領した。李秀成は近隣に位置する浙江省の湖州、さらに安徽省の寧国にも別働隊を派遣して、敵軍の対処にあたらせつつ、上海の攻略をめざす。

かくて清朝の側に残されたのは、わずかに鎮江・上海の二ヵ処のみである。

両江総督

この太平軍の東征によって、江南地方は大混乱に陥った。江蘇・安徽・江西三省を管轄する両江総督の何桂清《かけいせい》は敵前逃亡、蘇州に駐在する江蘇巡撫の徐有壬《じょゆうじん》は、撤退を良しとせず戦死する。逃亡した何桂清は、上海で人もあろうに北京朝廷と交戦状態だった英仏の公使に援助を求めるという醜態を演じた。

蘇州は一五世紀以降、当時にいたるまで、中国最先端の経済・文化都市である。蘇州を中心とする江南デルタは中国経済の心臓部で、ここからあがる税収は、かつて天下の財賦《ざいふ》の七割を占めると称せられた。近隣の開港場・上海の関税収入を加えなくとも、すでに北京政府のドル箱・生命線である。そんな全土に冠たる財庫は、ほとんど太平軍の手中に帰した。

財政的な打撃ばかりでない。蘇州の外港たる上海は、すでに中国最大の貿易港に成長し、列強の一大拠点にもなっていた。何桂清の挙動からもわかるように、太平軍がそこに迫って圧力をくわえれば、北京と敵対する外国勢力との結託も憂慮される。戦略的にも重大だった。

そうであればこそ、蘇州の陥落・江南デルタの喪失で慄然としたのは、現地の官僚・紳士ばかりではない。中国全土を統治すべき北京政府もしかり、清朝が本気であわてたのは、どうやらこの時である。

いかに太平天国が猖獗をきわめたといっても、北京からみれば、しょせんは南方の騒擾だった。死活に直結する問題ではないとたかをくくっていたふしがある。いわんや、はるか長江の向こう、山あいの田舎であればなおさらで、一八五五年にその北伐軍を撃退してからは、いよいよそうだった。曾国藩・湘軍に対する冷たいあしらいも、そんなところからきていたものだろう。しかし江南デルタという米ぐら・金づるを失うとなっては、もはや尻に火がついてきたといってよい。

両江総督何桂清は責任を問われて即罷免、のちに処刑された。すばやく厳しい処断は、清朝の危機感のあらわれでもあっただろう。

こうして両江総督は空席になった。後任を選ばなくてはならない。巡撫や下僚の布政使・按察使は、上海に残った何桂清の部下たちに代行を任せ、さしあたり目前の対処を命じる。しかし全体を統べるトップの総督は、そうはいかない。形勢挽回のためにも、思い切った人事が必要だった。

かくて咸豊帝が咸豊十年四月十九日(一八六〇年六月八日)付で両江総督に任命したのは、わが曾国藩である。兵部侍郎の肩書のみだったかれに下った辞令の文面には、兵部尚書《へいぶしょうしょ》に格上げする、空席になった両江総督の職務を代行せよ、ついてはすぐ蘇州に直行し、太平軍の江南侵攻をおしとどめ、鎮圧・掃討にあたるべし、とあった。

拝命

当の曾国藩がいたのは、安徽省の宿松《しゅくしょう》県である。湖北・安徽・江西の三省にまたがる要地であって、ここからようやく長江沿い、安慶へ攻め下ろうというところだった。

勅命の趣旨は安徽省で交戦中だった湘軍を、蘇州の防衛・江南奪回に使い回そうというわけで、そのお手軽さは依然として、戦闘ツールの位置づけにかわりない。しかしながら総督の任をようやく与えたのは、曾国藩がかねて要望していたところを受け入れたものである。さもなくば湘軍は動かないし、局面の打開もないとみたにちがいない。

もっとも命を受けた曾国藩たちは、困惑を隠せなかった。確かに求めていた総督の任命ではある。しかしいかに待望の職位ではあれ、引き換えに蘇州へ急がせ、火中の栗を拾わせようとした指示にはちがいない。現実的でもないし、自分たちへのまなざし・処遇もあいかわらずである。これでは曾国藩本人はともかく、湘軍の面々の北京に対する不信・不満は減じなかった。

とまれ曾国藩は、任命をつつしんで拝したうえで、三方面作戦を上申した。一軍は長江に沿って安徽省の池州より蕪湖に進撃、水軍と呼応しつつ天京に向かう。もう一軍は曾国藩本人が指揮をとり、紅茶の産地で有名な安徽省の祁門《きもん》に進駐し、そこから江蘇省の溧陽《りつよう》をへて蘇州にいたることとした。さらに一軍を江西省の広信《こうしん》と浙江省の衢《く》州の間に配置し、浙江に展開する清軍の後背地を確保する。

ともかく曾国藩が自ら蘇州をめざすという以上、咸豊帝の命に応じた計画であった。しかしいずれも江西・安徽を主戦場と位置づけていて、蘇州・江南デルタの回復はとても即効がみこめそうにない。実際のところ、曾国藩の立場からみれば、江南デルタまでとても手は回らなかった。あまりにも時期尚早である。

そもそも湘軍としては、その来歴からしても、上流より攻め下る戦略を第一義とし、あくまで安慶攻略が先決だった。いかに北京の命でも、江南デルタははるかに遠く、二の次でしかない。従前の履歴あるいは四囲の情勢からも、置かれた目前の立場に忠実で、曾国藩はそうした文脈でも、やはり生マジメなのである。

しかしそれは客観的にみれば、蘇州・江南直行は婉曲に拒んだにひとしい。なお北京中央との緊張関係をはらんだままであった。

膠着

江南を棚上げしたからといって、安徽省の攻略がおいそれと進捗するわけでもない。曾国藩がめざす祁門に到着したのは一八六〇年七月の末、本隊の到着はなお遅れ、またそれぞれの方面で膠着状態が続いていたから、かれ本人も動くに動けなかった。安徽全域の攻略をめざして全軍を統轄すべく、むしろ半ば故意にそうした地点に陣取ったともいえる。

しかも八月中旬には、近辺の広徳州が攻め陥され、寧国府も包囲されて、祁門との連絡も途絶えるようになった。太平軍の攻勢のなか、孤立しはじめていたのである。
それでも次第に、輿望は曾国藩と湘軍に集まってきた。太平軍の鋒先が長江下流域、中国で最も人口の稠密な、経済・文化の中心地におよんで、頼りになるまとまった武力は、けっきょく湘軍しか考えられなかったからである。曾国藩のもとには日々、近隣の安徽のみならず、あるいは浙江、あるいは江蘇の官僚・紳士から、援軍の要請をうったえる公私の書翰が、おびただしく届いた。

それだけではない。またぞろ北京からである。咸豊十年六月二十四日（一八六〇年八月一〇日）付で曾国藩を本任の両江総督に任命し、あわせて江南の軍務を指揮させるという勅命が下った。それはあらためて、かれ自身に出動を督促したことを意味する。

曾国藩は両江総督の正式任命を受諾したうえで、曾国荃・左《さ》宗棠《そうとう》ら方面軍を率いる部将を適宜、江南各地に派遣配置するとともに、剛強の気風で知られる安徽省北部で新たに部隊を編制して、江南デルタ方面にまわしたい、と返信を出した。やはり当面は体よく黙殺するほかなかったのである。

とはいえ、全くの遁辞でもない。かれ自身の考えでは、安徽方面の新軍結成はどうやら本気の計画ではあったようで、のちに実施に移したばかりか、成功に導くのだから、やはり自らの立案・信条にもマジメではあった。またまとめて後述するだろう。

そのため、傍からは悠長に失した計画にみえたはずで、北京の督促も絶えなかった。一週間のあいだに、四たび勅命を受けたというから、およそ尋常ではない。八月三〇日着、寧国への援軍派遣の命令。翌日着、浙江方面に救援に赴くべしとの命令。九月二日着、蘇州・常州回復に出動せよとの命令。六日着、浙江へ援軍派遣の命令、といった具合である。曾国藩はもちろん、いずれも謝絶した。

まったく脈絡は乏しい指示の連続だったのは、折しも北京方面で、アロー戦争の英仏連合軍の攻撃がはじまっていたからかもしれない。度を失った朝廷は条件反射的に、各地が寄せる、たび重なる要請に応じただけなのだろう。

咸豊帝が英仏連合軍の迫る北京を退去し、熱河の離宮に逃れたのは、同じ九月の二二日である。その政府は、三日後にあたる旧暦の咸豊十年八月十一日、今度は曾国藩に北京の救援を命じた。

曾国藩がこの命令をうけとったのは、皮肉なことに、祁門に近い徽州が太平軍の手に落ちた、という敗報があったのと同日である。いよいよ安徽から動けるはずはなかった。ましてや北京に援軍など、思いも寄らなかったであろう。

5 勝利

安慶攻防

太平軍の江南席巻から、大きく戦局・政局の動いた一八六〇年であった。かたや湘軍は安徽に腰を据えて、長江下流域の各地にも戦線を展開する。狼狽する北京政府を尻目に、曾国藩はいよいよ正式の総督として、安徽で太平軍と対峙を続けた。

まもなく各地の戦線は、緩慢にしか動かなくなる。とにかく戦闘は攻防こもごも、ほぼ絶え間なくくりかえされ、犠牲者も少なからず出しながら、ほとんど膠着均衡の戦況に陥っていた。

事情は太平軍にとっても、ほぼ同じである。蘇福省つまり蘇州を拠点として、さらに東征をすすめ、ついに条約港・上海の攻撃にとりかかった李秀成は、八月下旬、イギリス軍に阻まれて攻略を断念せねばならなかった。天津方面に遠征軍を送った英仏列強は、早くも清朝・北京の屈服をみこして、その支持に転じていたのである。

上海を目前に足踏みを続ける太平軍は、鋭鋒を西に転じ、安徽方面の湘軍と対峙した。かくて一八六一年に入り、安慶の争奪戦が本格化する。ここを確保できなければ、長江下流域の安全が保てない、戦略上の要地だった。攻める湘軍の司令官は曾国荃、このときいわば先鋒の役割で、以後この態勢が最後まで続く。

すでに何度か言及し、登場しているこの曾国荃は、もちろん曾国藩の実弟。咸豊六年(一八五六)から湘軍にくわわり、江西省の吉安を攻略して武名をあげた。かなり歳も離れていたこともあってか、当代随一の文人・ストイックなカリスマ・マジメなアジテーターの実兄とは、およそちがった人物である。科挙に受かるほどの学力もなかった。篤実でもなければ清廉でもない。平時・有事問わず、万事ありふれた凡百の言行である。

もっとも武功をあげるくらい、有能な勇将の部類に入るので、性格はむしろ粗暴、残忍強欲では凡人以上であり、戦場では虐殺掠奪も辞さなかった。それもまた戦乱当時の標準だったかもしれない。

図20　曾国藩(左)と曾国荃の兄弟

前線の指揮は以後、曾国荃がほぼ一手に握った。というのも、総帥の曾国藩はあいかわらず、個別の戦闘は苦手だったからである。

少し後の四月下旬のこと、さきに落とされた徽州の奪回作戦で、曾国藩が指揮をとったところ、果たしてまたもや大敗北を喫した。そんな時の行動は、やはり自省・自裁のパフォーマンスである。二千字の遺言をしたためて、猛進あるのみと誓ったものの、周囲がなだめて祁門の本営にもどらせた。

緒戦の岳州にはじまり、靖港・九江・徽州と、曾国藩が陣頭にたつと、必ず敗北する。もうすっかりジンクスみたいなもので、自身は以後、本営で三軍を統率する役回りに徹し、前線の指揮は弟に任せた。それがまた物議を醸す結果にもなる。

陥落

前線の安慶では戦局は一進一退、苦しい戦況は太平軍の側もかわらない。業を煮やして局面を打開すべく、新たな作戦に打って出た。太平天国の最も有力有能な将軍たる陳玉成と李秀成が二手に分かれ、長駆西征して武昌を制圧しようとの作戦である。

湘軍がこぞって東征し、湖北・湖南の清軍が手薄になっていたので、安慶の敵軍を分断するには、理にかなった戦略ではあった。曾国藩側の述懐でも、この作戦が成功していたら、戦局の帰趨は見通せなかったという。

しかしこれも李秀成の、数ヵ月に及ぶ遅延で果たせなかった。かれはやはり東方・江南を重視していたのであり、太平天国側の足並みも、どうやらそろっていない。先行していた陳玉成は、李秀成軍との合流をあきらめ、反転して安慶にもどった。

つとに安慶の攻撃に着手していた曾国荃の軍勢は、この間に包囲態勢を完成させ、帰還してきた陳玉成の援軍を迎撃しつつ、攻勢を強めている。陳玉成は城内の守兵と呼応して包囲を解こうとしたものの、ついにかなわなかった。

攻防数ヵ月、一万六千あまりの将兵の犠牲とともに、安慶は陥落する。一八六一年九月五日のことであった。住民や投降者もふくめ、三万人が殺されたという向きもある。いずれにしても、九江に続く殲滅戦となったのはまちがいあるまい。

曾国藩は徽州で敗れて間もない去る五月、その本営を祁門から東流《とうりゅう》に移していた。そのかれの許にも、安慶奪回の知らせがとどく。待望の捷報だった。ただちに水路で安慶に赴き、以後は戦争の終結まで、ここを本拠にすえる。

それと入れ替わる形になろうか。太平軍の雄にして、その用兵で何度も曾国藩の心胆を寒からしめた陳玉成は、安慶近辺から廬州に撤退した。安徽以北で勢力があった別系統の叛乱軍・捻軍《ねんぐん》との提携で、巻き返しをはかろうとしたのである。

しかし翌年の四月、その廬州も奪われると、陳玉成は捻軍から清朝に寝返った苗沛霖《びょうはいりん》にあざむかれ、寿州で清軍に捕えられ、ほどなく処刑された。時に二十六歳、若き英雄の最期として伝えられる。安慶の陥落と陳玉成の死は、はっきりと湘軍の優位・太平軍の不利に形勢が転じた象徴的な出来事だった。

曾国藩はいよいよ両江総督として、長江下流域に蟠踞する太平天国と全面対決の態勢に入る。北京政府から咸豊十一年十月十八日(一八六一年一一月二〇日)に江蘇・安徽・江西の所轄諸省にくわえ、浙江全省の軍務を「統轄」し、巡撫以下の関係各官を統制下に置く権限を与えられた。いわば戦時の非常大権を有したわけで、そのあたりの立ち入った事情は、あらためてとりあげたい。

曾国藩はかくて、友軍を組織し転戦していた左宗棠・沈葆楨《しんほてい》をそれぞれ浙江・江西の巡撫にすえたうえで、湘軍の先鋒本隊を、太平天国の本拠・天京めざして進発させた。いよいよ最終局面である。

乞師

安慶の陥落で、天京は西の防壁を喪失したにひとしい。大いに不利な形勢に陥った太平天国は、それでも天京以東、江南・浙江でなお有利な戦局をもちこたえており、そこに活路を見いだそうとした。

李秀成の戦果である。かれはかねて東方を重視し、全体の戦略に齟齬をきたしつつも、蘇福省（蘇州）を本拠として占領地の経営につとめてきた。このとき麾下は兵力・財力ともに充実する勢いを見せている。

そもそも江南地方に対する不信感の強かった北京政府は、あらためて焦慮を深めた。「これ以上ぐずぐずしていては、民心は太平軍に帰して、手がつけられなくなってしまう」など、悲観的な意見すら出ている。そのため曾国藩が安慶を攻略すると、またもや北京からくりかえし、江南デルタ救援の督促が発せられた。

　そんな焦慮は、現地も共有するところである。太平軍が攻勢に転じ、一八六一年末に浙江省の杭州・寧波一帯を占拠すると、その地に近く、またゆかりの深い上海では、あらためて危機感が高まった。

　上海は江南デルタでほぼ唯一、清側に残されていた都市である。有数の開港場で利害の深い列強の存在あってこそ、もちこたえられていた。太平軍の手に落ちた蘇州など、大都市から避難してきた人々も多く、人口も大幅に増えていたから、規模の小さい各国の駐留部隊や外国人の傭兵部隊だけでは、あまりにも心許ない。

　上海で時にとりわけ有力だったのは、蘇州から逃れてきた名士の郷紳たちである。既存の清朝当局と清軍があてにならない以上、太平軍と互角以上の戦いを続ける湘軍に援軍を仰ぐほかない。そう考えたかれらは、安慶へ赴き総帥の曾国藩に直接、援軍派遣を懇請することに衆議一決、史上これを「安慶乞師《きっし》」という。

淮　軍

曾国藩はそれまで蘇州・江南の救援に腰を上げようとしなかった。必要を感じなかったわけ

図21　李鴻章

ではない。手持ちの軍勢ではとても不可能だったからである。公私の少なからぬ依頼があっても、無い袖は振れなかった。しかしこのたび安慶まで、はるばる「乞師」に来たのが旧知の友人、かつて湖南巡撫だった銭宝琛《せんほうちん》の息子・銭鼎銘《ていめい》である。無下に追い返すわけにもいかない。新たな手を打つことにした。

当時の湘軍は、十一万の規模に膨張しながらも、戦線の拡大で手一杯、しかも創設からはや十年、精鋭をうたわれた往時とは変わりはてた姿になっている。曾国藩もしばしばその「暮気《ぼき》」を歎くほど、規律も乏しく綱紀も弛緩し、劣悪な清軍や反乱軍と大差ないありさまだった。頼みとする郷里近辺の人的資源も枯渇していたから、湘軍じたいの派遣は難しい。

そこで曾国藩は、かねて考えていた安徽での新軍編成を実施に移すことにする。幕僚の一人で安徽出身の李鴻章に命じ、合肥に帰郷させ、当地の団練を中心にした新しい軍隊の徴募にあたらせた。

李鴻章は二十年ほど前、北京で暮らしていたころの門弟である。科挙に合格して翰林院に入った後、勃興した太平天国に対抗すべく帰郷挙兵、転戦するも敗れて、旧師のもとに身を寄せていた。その才幹を高く買っていた曾国藩は、この機会に抜擢したわけである。

一八六二年二月、李鴻章が安慶にもどってくると、新軍三千五百に老練の湘軍三千を配して、湘軍の営制・戦法などにもとづいて訓練を施し、四月五日に上海へ向かわせた。淮《わい》軍の誕生である。「淮」とは安徽省を貫流する淮河《わいが》のこと、李鴻章の故郷の義勇軍、つまりは私軍であり、以後の歴史に重大な役割を果たす。上海防衛・蘇州奪回をめざす李鴻章は、曾国藩から江蘇巡撫代理に任ぜられた。東西から太平天国を挟撃する態勢となる。

滅　亡

李鴻章が上海へ発った一八六二年の四月は、陳玉成が安徽で捕えられたころ、太平天国が劣勢に追い込まれた時期にあたる。首府の天京方面でも、それは同じだった。湘軍の本隊先鋒を率いる曾国荃は、天京郊外の雨花台《うかだい》の一角に到達し、五月の末には水陸から天京の包囲を完成している。

天京の包囲攻撃は、清軍はこれまで何度も試みてきた。そのつど反撃に遭って、失敗に終わっている。李秀成の述懐によれば、六度の撃退をへて、今回が七度めであった。

しかし西方が湘軍に制圧されたこの段階では、江蘇・浙江の東方戦線に展開する李秀成の部

図 22　天京の攻防

隊しか頼みにならない。それまでも太平軍は、天京の安全を確保すべく、しばしば戦線の萎縮を余儀なくされた。そして今回はそれが命運を決することになる。

その李秀成は当時、上海に隣接する松江を攻撃していた。包囲を解いて撤退、天京の救援に向かい、湘軍と会戦して同年の一一月末まで戦闘をくりかえす。しかし最後まで、天京の包囲を解くことはできなかった。

その間に江蘇・浙江方面では、左宗棠・李鴻章の別働軍が勢いを増してくる。これは上海や寧波など、開港場附近が戦場となったことも一因だった。そこに暮らす外国人を守るべく、すでに清朝と講和した英仏が、清軍と共同作戦をとったからである。

上海から西進する李鴻章は、有利に戦局をすすめ、一八六三年の終わりになって蘇州を奪回、明けて一八六四年三月、浙江を転戦していた左宗棠も、省都の杭州を回復した。残ったのは曾国荃の天京攻略だけ、ほとんど孤城と化した天京は、いよいよ終末を迎える。

それでも包囲開始から足かけ二年、長く持ちこたえていたといってよい。曾国荃の麾下五万は同年の正月から、あらためて包囲を強化しながら、なお攻めあぐねた。いくつか理由がある。

天京は首都に準ずる規模をもっていただけに、要害堅固ではぬきんでていた。また攻め手の湘軍は慎重居士の曾国藩の性格を反映してか、行動緩慢だったのにくわえ、この時はもはや強《きょう》弩《ど》の末、補給も続かず疲弊しきっている。さらに疫病の蔓延もあった。曾国荃の陣にいた末弟の国葆が病歿したのも、この時である。

江南デルタを攻略した李鴻章から援軍の申し入れや、北京政府から淮軍の天京攻略参加の命令も出たため、さすがに曾国荃は焦慮を深めた。援軍はすべて謝絶、自軍のみで猛攻をくわえ、七月一九日に城壁を突破する。この天京陥落の日を太平天国の滅亡とするのがならわしながら、首領の洪秀全がなすすべもなく病死したのは、先立つ六月一日だった。

天京に突入した湘軍は一ヵ月にわたって、掠奪・殺戮の限りをつくす。将兵の決死の攻撃は、ただそれだけが目的だった、といっても過言ではない。その証拠を隠滅するため火を放ったうえ、大量の戦利品を陸続と湖南に運んでいった。ほぼ廃墟と化した天京、つまり南京の七割を焼いたのが湘軍だったという。

指揮官の曾国荃がそんな蛮行の率先者だった。戦果をあげるたび、攻略地の掠奪品を満載して帰郷し、土地家屋を買い足すのを愉しみとしていた男なのである。故郷の邸宅は総面積十三万平方メートルに及ぶ巨大なものになった。

さすがに廉直な総帥の実兄からの叱責はまぬかれない。だが兄弟で諍いをしている暇はなかったようである。すでに局面は、戦後の処理と新たな体制づくりに入っていた。

V 晩年

図 23　天津教案の廃墟（169 ページ以下参照．公益財団法人東洋文庫所蔵）

1　督撫重権

最悪の内戦

太平天国は滅亡した。じつに十四年間に及んだ騒乱であった。長いばかりではない。中国本土《チャイナ・プロパー》十八省のうち、巻き込まれなかったのは、甘粛ただ一省のみという広大な範囲に及んだ。

それだけに犠牲者もおびただしい。主要な舞台となった江蘇・浙江・安徽・福建・江西・湖北・湖南の南方七省で、七千万人以上の死者を出したとみなす推計すらある。騒乱前の人口が二億弱だから、三人に一人以上は犠牲になった計算になり、その数字がいかに過大であるにしても、ケタ違いなことにまちがいはなく、やはり慄然とせざるをえない。

とくに最も人口が稠密で、戦闘の規模も大きく、期間も長かった江蘇・浙江・安徽の三省は、住民はおよそ半減したという。それに対し、緒戦の戦場だった曾国藩の郷里である湖南省の場合、主戦場とはならなかったこともあり、かえって人口減は少なかった。それでも死者は、やはり二百万人を数える推計もあり、戦前の人口の一割に近い。とにかく被害は全体として、いたるところで途方もない大きさだったことがわかる。

同じ時期でいえば、太平洋のかなた、アメリカ史上最大の内戦・戦争だった南北戦争は、太平天国滅亡の翌年に終結した。その死者は多くとって百万人、南北の総人口の三パーセント強にすぎない。また多くの死者を出した戦争といえば、二〇世紀の第一次世界大戦である。それと比べても七千万という数字なら、四倍ないしそれ以上に達し、やはりケタ違いであった。

この太平天国の騒乱が、世界史上空前・人類史上最悪の内戦であったといわれるのも、ゆえなしとしない。とにかく残されたのは、惨状ばかりである。

曾国藩が安慶から、灰燼に帰した南京へのりこんできたのは、太平天国の滅亡から九日たった一八六四年七月二八日。湖南で湘軍を結成し、長江をめざした曾国藩は四十三歳だった。それがもう五十四歳、ようやく南京にたどりついたのである。

子飼いの湘軍と同様、自身にも「暮気」を感じざるをえない。それでも南方を所轄する両江総督としての仕事は、むしろこれからだった。すみやかに戦後処理をすませ、戦災・荒廃からの復興を果たさねばならない。

李秀成の供述

その戦後処理である。すでに天京の陥落にあたって、問題は発生していた。

曾国藩が到着早々、南京で対面したのは、人もあろうに好敵手だった太平天国の李秀成である。七月一九日の陥落からほどなく、近郊にひそむところを捕えられていた。

曾国藩みずから訊問し、筆・紙をあたえて供述書を書かせている。もちろん自供・帰順したからといって許すべくもない。北京朝廷の指示を仰がずに、八月七日に南京で処刑。李秀成は数えて四十二年の生涯であった。

この供述書は太平天国の首脳が、自身・自国を語った文書であると同時に、それを書かせて受けとった曾国藩の人物・行蔵、ひいては歴史的な位置づけに直結する資料でもあって、爾来あまたの論議の的になってきた。紙幅の制約で、とてもその詳細に立ち入ることはできないけれども、供述書を公表するさい、曾国藩は原本を秘蔵して、少なからぬ改訂・潤色を加えた。それが当時かれの置かれた情況と立場を示しており、その点だけ一瞥しておきたい。

天王洪秀全が死亡し、やがて天京が陥落したさい、その嗣子・幼天王を李秀成の部隊が天京から脱出させていた。曾国荃は南京を奪回したのち、風聞によって「偽幼主は薪を宮殿に積み、火を挙げて自焚せり」、つまり放火自尽と報告しているから、いわば取り逃がした失態である。北京政府はこの幼天王の逃亡と生存を左宗棠の直接報告によって知り、にわかに曾国荃の武功を猜疑しはじめ、譴責にも及んだ。

曾国藩兄弟としては、寝耳に水・晴天の霹靂である。にわかに立場が悪くなった。同じ湖南出身で友軍だったはずの左宗棠に、いわば裏切られた事態でもある。湘軍全体、および総帥の曾国藩の体面・処遇にも関わりかねない。曾国藩はとにもかくにも、実弟および湘軍関係者の保全をはかってやらねばならなかった。

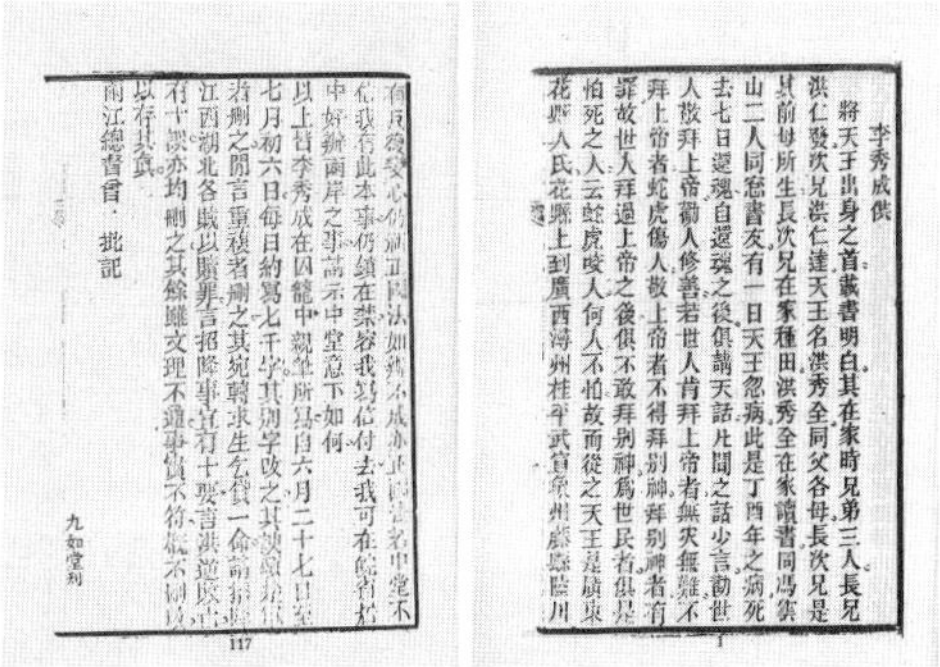

図 24　李秀成の供述(冒頭と末尾)

かれが李秀成を即時処刑し、その供述にことさら手を加えたのも、その対策の一つである。曾国荃の手落ちを隠蔽し、左宗棠の戦功を無視、失策を誇張した書き換えをおこない、その改竄バージョンの供述書を北京に送ると同時に、世にひろめることにした。本人の口もとりいそぎ封じなくてはならない。

もちろん改竄後の文章には、不自然なところが生じたし、異本も存在せざるをえなかったから、後世に強い疑念を残した。いまに残る李秀成の供述書は、戦後の収拾にあたって湘軍の置かれた微妙な立場を色濃く映し出すものだったのである。

図25　左宗棠

湘軍の解散

曾国藩は一八六一年に江南軍務の全権を任されて以来、友軍を率いる部将をつぎつぎに各省の総督・巡撫にすえたことから、そのポストの七割以上を湘軍関係者が占めることになっていた。もちろん直接の類縁者ばかりではなかったから、そこには複雑な利害・感情が入り乱れる。ともすれば、反目・軋轢になりかねない。

前述の左宗棠は、その典型だった。当代随一と自他ともに認める偉才・傑物でありながら、科挙の最終試験に合格できず、湖南で郷紳の身分のまま太平天国と戦い、やがて曾国藩に帰属して転戦、このとき浙江巡撫にしてもらっている。しかし性格は狷介、なかんづく同郷・同年輩で中央の華やかな文臣だった曾国藩には、終生コンプレックスを抱きつづけ、当時から必ずしも従順ではなかった。弟で右腕の曾国荃の失態を暴いたのはその一例だし、かてて加えて、任地に近い福建出身の逸材、湖南・湘軍とは別の人脈の沈葆楨と提携を深め、宛然一大対抗勢力を形作ろうとしている。そうした左宗棠の言動・態度は、いたく曾国藩の側近の顰蹙・反感を買った。

曾国藩は湘軍全体の総帥、また内乱平定の責任者として、そうした不穏な情勢を沈静化させなくてはならない。まず南京の蛮行で非難を浴び、さらに失態まで明らかになった弟を、ほとぼりが冷めるまで故郷にもどした。そればかりにとどまらない。

麾下の湘軍の解散にもふみきった。遅配しがちだった俸給を、将兵に順次もたせて湖南に帰しており、書生出身の将軍らは数万両の銀を支給されたといわれる。もちろん戦争は富貴獲得の一大チャンス、それを目当ての人々も少なくなかった。

湘軍の上層部でめずらしく富を手にしなかったと称せられるのは、およそ二人。一人は曾国藩の挙兵以来の盟友で、終始その水軍をひきいて転戦した彭玉麟である。かれはそんな戦利褒賞には目もくれず、書生の矜恃を失わなかった。一再ならず顕官の任命を受けたけれども、そのたび固辞している。歴任した武官の実務でも、水軍の訓練・指揮以上のことには、手を出そうとしなかった。

もう一人はほかならぬ総帥の曾国藩その人である。いかに大軍を率いようとも、いかに高い官位官職にのぼりつめても、聖人をめざす宋学者らしく、確かに清貧な日常生活を続けようとした。またそんな姿勢がいよいよカリスマ性を増したにちがいない。

しかし私的な生活と公的な職務は、やはり別である。自身はあくまで例外、部下にまでそれを強要はできない。

湘軍はもともと湖南地元の縁故関係で結成した民兵・義勇軍だった。しかし他郷で転戦し、十二万の規模にふくれあがり、しかも戦争の長期化で、資質も士気も低下していたから、実質上もはや通常の清軍とかわらない。元来の湘軍の面影をほとんど失い、曾国藩に「暮気」と歎かせた軍兵は、南京の掠奪で私腹を肥やしたから、もはや戦意も期待できない。無用と化した兵力に未練あるそぶりをみせては、自分ばかりか類縁者にも、猜疑の目を集めてしまう。

幸い愛弟子・李鴻章の淮軍が健在で、また増強しつつあった。なお余燼くすぶる内乱の鎮圧と自身の保身に資する武力は、ひとまず事欠かない。自軍の解散という重大な決断を下したゆえんである。

在地行政

曾国藩は自身と縁者の地位保全のため、これだけの布石を打ちながら、戦災の復興にとりかかった。まず手がけたのは、江南貢院《こうなんこういん》の修築である。

江南貢院とは、南京に設ける科挙の試験場で、太平天国の占拠以来、荒れるにまかされていた。この貢院をとりいそぎ修築させたのは、もちろん科挙の試験を再開するためである。曾国藩はこの年のうちに郷試の再開にこぎつけた。

科挙はいうまでもなく、王朝政権を構成する官僚を選抜登用する試験であり、また同時に、地元の有力者をエリートにしたて、いわゆる郷紳層を産み出すよすがでもある。太平天国で途絶えていた科挙の再開は、政治的にも社会的にも、体制のたてなおしを何よりも象徴する事業だった。ひいては、太平天国が否定していた儒教の復興をも象徴する。儒教の護持を掲げて挙兵した曾国藩らしい着手ではあった。

ついでとりくんだのは、いわゆる「減賦」つまり土地の減税である。とりわけ大土地所有の進展した江南では、地主に課せられた「田賦」土地税の負担偏重が、かねて大きな懸案であった。それこそ、先にも言及した一七世紀の顧炎武も、提起していた問題である。この当時に有力な地主・郷紳からも、負担の軽減と均分を求める声もあがっていた。曾国藩は江蘇巡撫の李鴻章と協力し、戦災の復興とだきあわせて、そうした声にこたえたのである。

いずれも、戦乱で傷ついた在地社会に対する威権の復活をめざす郷紳の意を迎えたものだった。軍隊を掌握指揮し、治安の維持にあたる総督・巡撫が、任地の統治を実効あるものとするには、在地の有力者の支持を得なくてはならない。こうしたやり方は、各省各地それぞれの事情と経過はありながらも、大枠では共通した枠組みで定着し、全体的な体制の再建が実現していった。

そうした在地の有力者との提携は、地主・郷紳ばかりではない。湘軍・淮軍を維持する軍費の調達は、つとに正規の土地税徴収よりもむしろ臨時的な寄付の醵出、つまり前章で述べたような「就地籌餉」の、なかんづく商人に対する釐金・捐納によっていた。これは流通過程から徴収したほうが、簡便な組織・手続きですんだからであり、戦後もそれを存置、拡充している。

またそうした商人たちの活動は、内乱のあおりで、塩やアヘンなど禁制品にも及びがちだった。どうしても秘密結社・「匪賊」と結びついてしまう。そこでそうした禁制品に対しても、釐金・捐納を課すことで規制を強化しつつ、同時に「匪賊」・反権力集団を体制内にとりこめばよい。「就地籌餉」はそうした機能もあって、「匪賊の国」から「匪賊」を減らす手段として有効である。

帰順して資金の醵出に応じた商人には、見返りに応分の権利をあたえて優遇した。中国内外の世情に通じたこの種の人々が、やがて総督・巡撫のブレーン・アドバイザーにもなる。

このように各省の総督・巡撫、略して「督撫」は、曾国藩の湘軍を除いては、戦時の兵力・裁量をほぼそのまま引き継いで、所轄地域の掌握と治安の維持にあたった。このような体制を筆者は「督撫重権」と呼んでおり、それを整えて最も活用したのは、こののち日清戦争まで、清末最大の兵力を擁した李鴻章である。しかし創始確立したのは、太平天国との戦争で非常大権をゆだねられた曾国藩にほかならない。

団練も郷勇も、釐金も捐納も、さらには督撫の地位も、既成既存の制度ではある。しかしその比重・組み合わせを戦時に応じて変えたことで、「匪賊の国」に応じた新たな体制を現出したといってよい。それが定着したのが、すなわち清末という時代なのであり、曾国藩の歴史的な役割とは、まずそこに存する。

北京の帰趨

すでに述べたとおり、曾国藩が江南軍務の全権をゆだねられたのは、南京奪還から三年近くをさかのぼる一八六一年一一月二〇日(咸豊十一年十月十八日)である。その命令を発した北京政府は、じつに新たな陣容になっていた。

咸豊帝はその年の八月、英仏連合軍の北京進攻から逃れた先の熱河で崩御している。行年三十一、内憂外患の多難な治世だった。しかも嗣子は幼児ただ一人である。

図 26　西太后

咸豊帝の側近で権勢のあった宗室《そうしつ》の粛順《スシュン》らは、遺された幼帝を擁立し、ひきつづき新政府の実権を掌握しようとしていた。これを快く思わない帝の生母・西太后《せいたいこう》は、先帝の弟で北京に残留し、英仏との講和にあたってきた恭親王《きょうしんおう》奕《イ》訢《ヒン》と結んで、クーデタを決行する。亡帝の遺骸が北京にもどる直前の一一月はじめ、粛順一派をとらえ、八日に首魁の粛順を斬首、その他与党の皇族に自害を賜って、咸豊末年の側近勢力を一掃した。干支で「辛酉《しんゆう》政変」ともいう。

　同月一一日、同治《どうち》帝《てい》が即位した。まだ六歳なので、新たな政権は西太后が帝の身代わり、奕訢が政府の首班となり、中央・地方にわたってその布陣を固めてゆく。そのなかで曾国藩の大権付与もおこなわれた。

図 27　同治帝

　とりわけ南方の有力な漢人の重用は、粛順らがすでに試みていたため、その意向で両江総督に任ぜられた曾国藩も、粛順の党派とみなされることもある。しかし上述でくりかえしてきたとおり、咸豊帝の時代は湘軍と北京との間に、小さからぬギャップが一貫して横たわっていた。曾国藩個人の人脈・感情はともかく、その勢力全体を一概に粛順派ということは難しい。

　新政権はさらに一歩すすめて、南方のフリーハンドを曾国藩に与えようとした。英仏連合軍に敗れ、しかも幼帝擁立のやむなきにいたった中央権力の弱体化・北京政府じたいの非力を、西太后はじめ首脳部がよく自覚していたからである。とても南方の騒乱まで顧慮できない。江南の軍務は「曾国藩だけが頼りだ」との勅諭まで出ていた。冷淡さの目立った先帝時代とは、やはり温度差のある態度である。

それはもちろん、文言の額面どおりには受け取れない。太平天国滅亡の直前、清朝中枢に近かったイギリス人官吏が、恭親王の右腕だった満洲人大官の発言を書き留めている。

「漢人がその気になれば、満洲人は一日たりとも保たない。その忠誠を確保するには、清朝が満洲人より漢人を厚遇するほかない」

高位にある満洲人の高慢・倨傲を、いわば自己批判した文脈ながら、漢人に対する態度はごく打算的で、そこは咸豊年間とほとんど同じである。どれだけ客観情勢をわきまえた言動だったか、先代とのちがいはそれだけだったかもしれない。

ともあれこうして朝廷に君臨する北京の姿勢と実地に郷勇・私兵を掌握する督撫の施策が嚙み合い、「匪賊の国」の同治年間は、ひとまず「中興」といわれる安定へ向かっていった。太平天国討滅の功績として、曾国藩は一等侯爵を、曾国荃・李鴻章、および左宗棠も、それぞれ一等伯爵を授かって、ともに「中興の功臣」と称せられるようになる。

2 苦闘

捻軍

もっとも、いかに「中興」と自画自賛しようと、現実にはまだ内乱は終結していない。北京に進攻し、皇帝の権威を失墜せしめた列強との関係も、講和が成立したとはいえ、決して容易ではなかった。内憂外患はなお続いている。清朝は「功臣」の曾国藩たちにも当然、ひきつづき応分の役割を期待した。

ようやく亡ぼした太平天国に勝るとも劣らぬ脅威と北京政府がみなしていたのは、捻軍という叛乱である。太平天国のように統一的な国家組織・指揮系統をもった集団では必ずしもなかったものの、決して弱体な勢力ではない。太平天国の前後、長期にわたり淮河流域で猖獗をきわめ、清朝を苦しめている。北京にとっては、地理的に近かった分、危機感はいっそう強かった。

淮河以南は手がとどきかねても、たびたび間近にまで迫ってくる捻軍の活動は、やはり坐視できない。北京政府はかつて太平天国の北伐軍を殲滅した僧格林沁《センゲリンチン》の率いるモンゴル鉄騎《てっき》軍を投入して、鎮圧にのりだした。

僧格林沁とその麾下はこの時期、首都・清朝それ自体の最終防衛を担った切り札的な軍隊である。期待に違わず、一八六三年、安徽省北部にある捻軍の本拠の一つ・雉《ち》河集《かしゅう》を攻略し、首領の一人をとらえ処刑した。

ところが太平天国が滅亡し、残党が合流すると、捻軍は頽勢を挽回、同治四年四月二十四日(一八六五年五月一八日)、山東省の曹州で僧格林沁を敗死させる。いよいよ危機感をつよめた清朝は、五月三日(五月二七日)、両江総督曾国藩に山東の捻軍討伐を命じた。

南京を奪回してから、まだ一年も経っていない。やはり「中興」というには、まだまだほど遠い現状だった。僧格林沁が戦歿した以上、太平天国討伐第一の殊勲者だった曾国藩に白羽の矢が立つのは、当然だったかもしれない。

図 28 僧格林沁

拝命した曾国藩のほうは、大いに悩んだ形跡がある。解散した湘軍は、ほとんど手許にいない。所轄地にいて動員可能なのは、ほとんど自身は疎遠な淮軍である。うまく指揮できないのは、火を見るより明らかで、淮軍の総帥で門弟の李鴻章も、任務の遂行を危ぶんでいた。いかに李鴻章個人が師の曾国藩を尊崇しようと、淮軍の将兵に関わりはない。それでなくとも、本人は戦下手、多難な前途である。

曾国藩は策定した作戦を六月十八日に提出、まもなくおよそ八万の軍を率いて、北上の途に就いた。九月に徐州着、そこを拠点として河南・山東に戦線を拡大し、各地の捻軍を封じ込める手はずだったものの、果たして容易に戦果をあげることはできない。

そもそも自軍が命に服さないのである。かれ自身も朝廷に当初から「迅速」にはすすむまいと上申していたものの、軍事能力に乏しいのにくわえ、体調も思わしくなく、不本意な作戦行動ではあった。

李鴻章

翌年になると、捻軍は包囲を突破し、湖北・山東の方面に戦火が拡大してゆく。曾国藩の失態はしばしば非難と弾劾を浴び、自身ももはや引責辞任を申し出るほかなかった。案の定の結果でもある。

師の出征を見送った李鴻章は、事前の打ち合わせをしておいたとはいえ、うすうす結果は見越していたから、見るに見かねて、ついに交代を買って出た。その軍隊が自身の私兵だったから責任も痛感していた、というところだろう。

代わった李鴻章は淮軍を率いて、有利に作戦を展開し、一八六八年一月に山東の膠萊河《こうらいが》で捻軍に対し、決定的な大勝を得、同年八月、残党をもほぼ一掃した。捻軍も太平天国と同じく十数年、いな数え方によっては、数十年つづいた内乱だったから、この戦功で淮軍と李鴻章の勢威も確立する。

一方の曾国藩は一八六六年末、討伐軍の指揮のみならず、両江総督も辞任する意向を示し、しばらく徐州で謹慎を続けていた。実際に体調も悪かったこともありながら、ことさら深刻な引責の姿勢を持していたわけで、あいかわらぬマジメさの発露ではある。北京も「中興の功臣」をあまり責めつづけるわけにはいかず、くりかえし両江総督の本務にもどるよう慰留したものの、曾国藩は肯んじず、徐州を動かなかった。

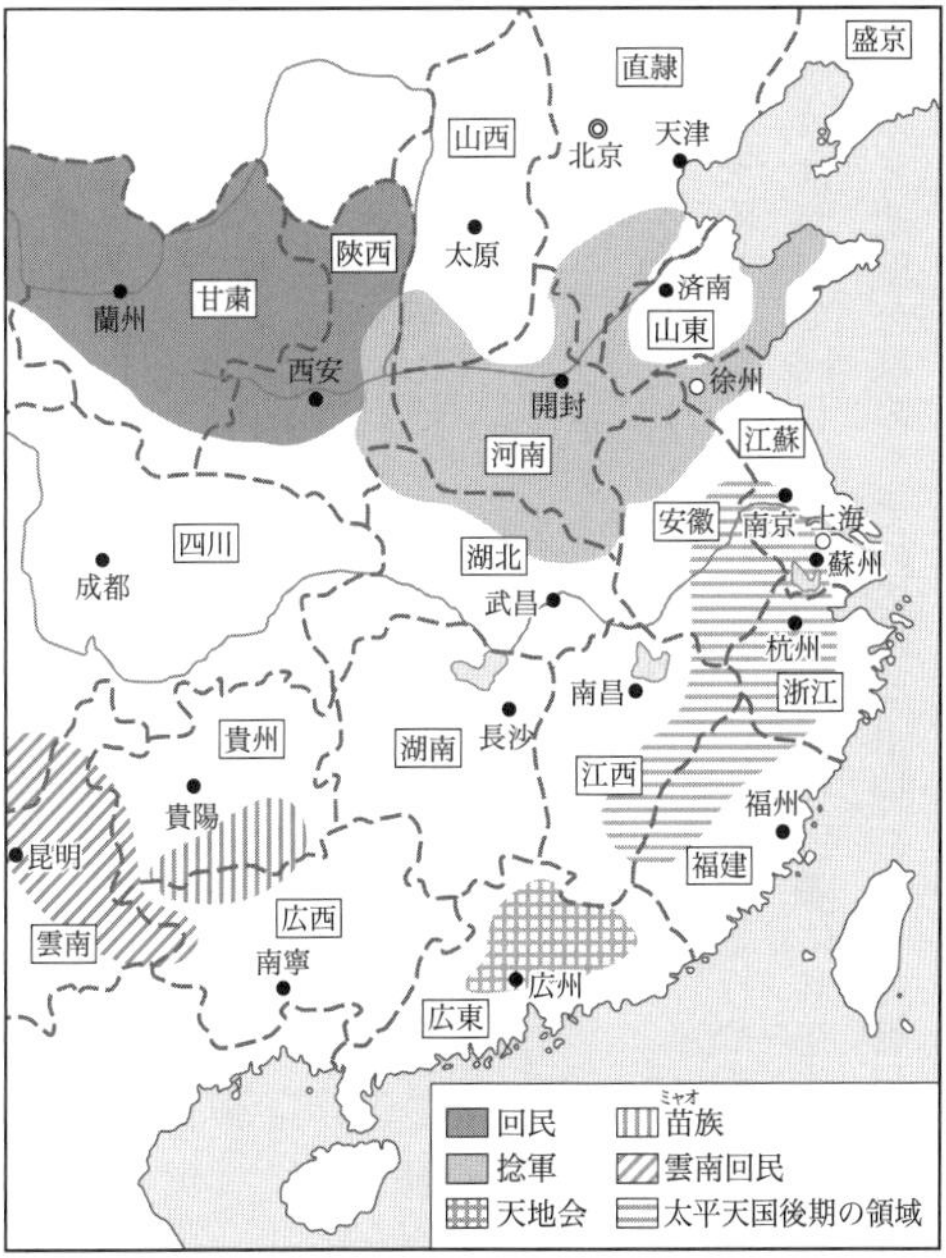

図29　太平天国期の内乱

　こんな師に慊らなかったの

が李鴻章である。曾国藩の身体はすでに本人一人のものではない。「中興」のシンボル・清朝の柱石だったし、李鴻章ら後進の模範的存在にもなってもらわないと困る。あまりに他人から罵詈恥辱をうけ、また自身が退嬰謙虚に失しては、与党全体が軽んじられるばかりか、清朝全体にとってもよろしくない。

李鴻章は家常座臥《かじょうざが》を師の曾国藩に範をとった門弟ながら、それだけに師の謹直退譲に失した行蔵には、不満も感じていた。自負心の強いかれは、師のバックアップ・補佐役を自任していたことだろう。

同治六年正月（一八六七年二月）、李鴻章は捻軍攻撃に向かう途上、徐州に立ち寄って曾国藩と会談し、南京に帰任するよう説得を試みた。さすがに頑固な曾国藩も、その粘り強い「情理」をつくした進言を容れることにする。ようやく腰を上げて、江南帰任の途についた。

かれはかねて同じく江南を所轄し、近隣に駐在する総督・巡撫の同僚として、公私にわたり李鴻章と連繋を深め、その姿勢・手腕を高く評価していた。なかんづくこの一連の捻軍掃討を機に、いよいよ軍務・政務の全般で李鴻章に後事を託しつつ、逆にそのバックアップに回ろうと考えたようである。

両江総督に帰任して一年あまりの曾国藩の事蹟は、内乱の善後措置・復興事業を継続しているのは当然ながら、それ以外に目立つのは「洋務」である。「洋務」とは読んで字のごとく、西洋の科学技術とりわけ軍事産業の導入をめざした事業をいい、このたびの内憂外患にあたり、圧倒的な力をみせつけた列強の影響によっていた。曾国藩の所轄では、上海に設置した軍需工場の江南製造総局は、たとえば最も著名な施設の一つである。そこで軍船の建設を試みたり、翻訳局の設立を計画したり、工場施設の移動・拡張をはかったりした。

そもそもいわゆる「洋務」事業は、地方大官では曾国藩がまず手がけた、というのが大方の通説である。太平天国から奪回した安慶に本営を移した一八六一年、はじめて内軍械所という軍需工場をそこに設立したからで、確かに中国で最も早く西洋式の兵器を製造した工場だった。のちの企業もこれを移設し、継承拡大する形で発展する。

しかしその施設自体は、安慶という内地でもあり、また西洋人技師なども不在で、のちのいわゆる「洋務」企業にくらべれば、ごく小規模だった。曾国藩じしん、そうした事業に心底から積極的だったわけではない。

西洋列強との接触・交渉が頻繁な南方を所轄する大官として、曾国藩は西洋の兵器や技術について、北京の諮問をうけることがあった。そのたび全面的に否定はしないものの、採用を熱望したわけでもない。いわばあたりさわりのない答申に終始している。「夷を馭《ぎょ》するの道は、ているのは、「夷情を識《し》るを貴《とうと》ぶ（外国にいうことを聴かせるには、外国のことを知らねばならぬ）」という発言があって、あたりまえといえばあたりまえ、特筆すべき見解でもない。

曾国藩は本音では、西洋・「洋務」に否定的だっただろう。「夷を馭する」という物言いからも察しはつく。当時は西洋列強・「洋務」を「中華」にまつろわぬ「外夷」として野蛮視し、毛嫌いする知識人が圧倒的に多かった。「華夷」の辨別にやかましい宋学を修めた曾国藩も、そこから決して かけ離れた存在ではありえない。

それでも、かれ自身は好むと好まざるとにかかわらず、身をもって軍務に従事せざるを得ず、十年以上にわたって辛酸を嘗めつくした。人の生き死にに関わる軍事は、何よりも実務・実力がものをいうから、否応なくリアリストたらざるをえない。かれが宋学者らしくなく、「洋務」に理解を示したのも、その経歴からすれば当然、晩年にその学問が、宋学から考証学に移った、といわれるのも同じ動機・傾向によるものだろう。

かつて北京で兄事した倭仁は、その点で対蹠的だった。かれは曾国藩が帰郷し、湖南で挙兵したのちも、ずっと北京朝廷で仕えている。いまや当代一流の学者として、同治帝の師傅でもあった。その思想はあいかわらず、朱子学原理主義者というべき存在である。そのため中央・地方ですすんだ「洋務」事業にも、反対の姿勢を頑なに持し、その方面で隠然たる勢力を有していた。そこで以前の親交とは打って変わって、曾国藩と対立する関係になっている。

「洋務」に対する曾国藩なりの、こうした柔軟な態度には、いっそう現実家だった李鴻章の影響も大きい。李鴻章は当初から上海に進駐したから、やはり否応なく西洋列強とじかに接しなくてはならなかった。その長短を目の当たりにして、淮軍を強化するため、また列強を増長させないようにするためにも、積極的に「洋務」にとりくんだ。江南での「洋務」は、李鴻章が手がけた事業を曾国藩が容認、推奨するという形を取っており、自身の好悪よりも弟子の意向をむしろ尊重したわけである。これも上にみたバックアップの発露だといってよい。

かれは太平天国との戦時から病気がちだったため、健康にも自信を失っていた。ともかく晩節を汚すことなく、従前の栄誉・地位を保全し、おもむろに穏便に引退、いわばフェード・アウトをもくろんでいたようである。しかし四囲の情勢は、そう甘くはなかった。そこにも、いわゆる「洋務」が関わっている。

北方へ

翌同治七年の七月、西暦では一八六八年九月はじめ、曾国藩は直隷総督を拝命した。直隷総督はおおむね現在の河北省、清朝の首都北京のお膝下にあたる広域を所轄する、地方大官としては序列第一の地位だから、形のうえでは昇進である。

曾国藩は「中興」の功臣として、江南・長江筋ではやはり勢威並びなき存在だった。北京政府としては、かれをそこから引き離し、手許に配置することで、中央の防禦を固め、かつ権威を高めるねらいだったのだろう。

直近の実務としては、政府首脳は当時、イギリスとの条約改訂交渉をすすめていた。朝廷に蟠踞し、交渉そのものを否定しようとする反「洋務」派・排外派をおさえるべく、曾国藩を呼び寄せ、その声望・政治力を借りようとするねらいもあったらしい。実際、上京したばかりの曾国藩は、久しぶりに再会した反対派の首魁・倭仁とにらみ合いつつ、そうした役回りを演じている。

曾国藩本人にとっては、あまり気のすすまない異動だった。自身の進言が最近あまり容れられておらず、「すでに信任は薄れていて、この先どうなるかわからない」とこぼしている。任命した北京には謝意を記しつつも、内心迷惑だと感じたにちがいない。

十年間墓参もかなわず、捻軍討伐も功なく、南京帰任後も職務を果たせていない。しかもずっと体調がすぐれず、動悸はするし呂律もまわらないでは、今後も満足につとめられるとは思えない。朝廷で直接に申しあげたい。

と答申したうえで、上京の途についた。いよいよ消極的、退嬰的でありながら、きっぱり断り切れないのも、その言葉どおり体力気力が減退していたからだろうか。

かてて加えて、この時期あまり快くない案件がもちあがっていたからでもあろう。揚州教《きょう》案《あん》である。「教案」とは中国で布教するキリスト教に対する排斥事件の謂で、曾国藩所轄の江蘇省揚州で一八六八年八月に発生した教会襲撃事件であった。

揚州教案

襲撃をうけたのは、イギリスの中国奥地伝道団の宣教師が同月の初め、揚州に入って設立した教会である。折しもフランスのカトリック教会の孤児院で、収容していた孤児二十数名が亡くなり、とみに悪評がたっていたところだった。いたく反感をいだいた当地の郷紳たちが激しい反対運動をおこすなか、一万人規模の群衆が教会を取り囲んで、侵入放火に及ぶ。宣教師とその家族は負傷者を出し、命からがら鎮江に逃れた。八月二二日のことである。

イギリスの上海駐在領事は事件の発生を知ると、すぐ揚州に赴いて現地当局に対処を求めた。首謀者・煽動者とみられる郷紳の処罰や賠償の支払いなどである。しかし満足いく回答がなかったとして、九月一一日、軍艦とともに南京へ乗りこみ、総督の曾国藩に交渉を申し入れた。

曾国藩としては格下の外国領事から力づくの威嚇・強要を受けた形だったから、不快感を覚えたにちがいない。まもなく軍艦が去ると、領事との面会を拒否した。直隷総督の任命を受けたのは、ちょうどこのタイミングである。

イギリス側は江南現地での折衝が不調に終わったのをうけ、北京で清朝政府首脳に圧力をかけて、中央経由で曾国藩を動かそうとした。そして一一月はじめ、イギリス領事はあらためて、四隻の軍艦とともに南京を訪れ、交渉を迫る。曾国藩は譲歩を余儀なくされたけれども、礼教をわきまえた士大夫が天子の命に背くはずはなく、処罰に及ばない、と主張して、郷紳の検挙・処罰は拒み通した。思想的には「刑は大夫に上さず」という儒教イデオロギーの表明である。それと同時に政治的にも、郷紳は挙兵以来、自らが属し頼り、また保護すべき支持層だった。被疑者に旧知の人物がいるなら、なおさらである。その利害に反する言動は、そもそもかれには難しかった。

賠償額の確定など最終的な決着をまたずに、曾国藩は両江総督を離任して北京に向かったから、以後の情況までは見とどけていない。それでも大方のところは、後任の馬新貽《ばしんい》とともに、交渉を続けてとりきめている。

けっきょくほとんどの条件でイギリス側に譲歩したのであり、不本意な事件であり交渉だった。軍艦の威嚇がものをいったのである。曾国藩としては、還暦を目前にした老齢ではじめて西洋列強と直面した難渋な交渉であり、不快な記憶が残ったばかりか、不吉な予感も抱かせるものだった。

天津教案

教案は当時、外国の関わった典型的な社会問題だといえる。清朝が西洋列強と条約を結び、キリスト教の布教を認めて以後、宣教師はカトリック・プロテスタントを問わず、内地に入って活動し、教会はじめ各種施設をもうけるようになってきた。

そんな動きに最も反感をいだいたのは、各地の士大夫・官僚である。地元の有力者で、儒教イデオロギーを信奉し、地域社会を掌握する郷紳は、儒教的な人倫に違う男女平等など、キリスト教の理念を受け入れられなかったし、改宗した庶民が在来の地域社会から離脱し、クリスチャン・コミュニティに属することを嫌った。官僚からすれば、キリスト教徒が外国人の条約特権を用いて当局に服さないのは、以ての外である。逆に庶民の側からいえば、士大夫や官僚の横暴から身を守るため外国人の庇護下に入れるから、教会は恰好の避難場所だった。

郷紳に動かされて破壊行動をおこしたのも、一般の庶民である。孤児院では子供の目玉をくりぬいて薬にし、身体は食べてしまう、懺悔は婦人を誘惑する風習だ、など故意にデマを流して、排外感情を煽り立てた。そんな騒ぎを地元の官憲は見て見ぬふりをすることも少なくない。

だから揚州教案は決して突発的、偶発的な事件ではなかった。一九〇〇年までに外交上の案件になった教案だけで、およそ四百件にのぼる。外国側は条約権利にかかわるから、容易に譲歩はできない。かたや郷紳・当局も、儒教の教義・地域の秩序という社会構成の基本原理にふれる以上、相手の主張を受け入れるわけにはいかなかった。こうした構図が存在するかぎり、いつでもどこでも教案の発生する契機がひそんでいる。

そしてそれが顕在化したのがこの時期、決まって曾国藩の所轄地だったのは、皮肉な偶然であった。揚州の次は天津である。

天津ではアロー戦争後、フランスに対する敵対感情が強かった。かつての戦場で、宣教師の活動にも反感がつのっていた。対象となったのは、ここでも孤児院である。

教会附属の孤児院は、孤児を引きとるさい謝礼を出したため、謝礼を目当てに幼児を誘拐する事件があいついでおこった。そこで例のデマが流れる。そうしたなかで一八七〇年、天津で疫病が流行し、孤児院でも多くの子供が死ぬと疑惑は深まり、群衆が騒ぎたてて、その墓を暴くという事件さえおこった。

「火会《かかい》」という地元の消防団から突き上げられた天津の地方官憲は、六月二一日、天津駐在のフランス領事に教会の立入調査を求める。フランス領事はこの要求に憤慨し、開港場を統轄する通商大臣・崇厚《チュンホウ》のところへ抗議に乗りこみ、面前で拳銃を威嚇発砲するなど暴行をはたらいた。ところが制止をふりきって外に飛び出すと、群衆にとり囲まれて興奮のあまり発砲、県知事の従者を死なせてしまう。

群衆は激昂して、フランス領事と随行の秘書官を殺害、死体を八つ裂きにしたうえ、くだんの教会・孤児院のみならず、フランス領事館や他国人の教会も襲撃し、掠奪破壊に及んだ。犠牲者は外国人二十数名、漢人キリスト教徒がその倍になる。

かくて天津教案は、一大外交問題にまで発展した。条約で保護された布教活動の侵害であり、一般人にくわえ、不可侵の身分の外交官まで殺害されたからである。これほど重大化しては、当事者の一人で天津の対外交渉を所管する崇厚も、その権限ではとても収拾することはできない。その要請にしたがって、天津を所轄する最高位の大官に処理を任せることとなった。大官とは、もちろん直隷総督の曾国藩である。

3 終焉

死地へ

曾国藩は去る一八六九年一月の下旬、北京に上ると、くりかえし同治帝・皇太后の引見を賜った。

「以前、北京にいたのだから、直隷のこともよく知っていよう」

「少しはわかるつもりです」

「直隷ははなはだ手薄だが、重要な地方だ。よくよく軍隊を鍛錬せよ」

「承知しております。天津港はいっそう重要です。いま外国と和平を保っておりますが、やはり防備しなくてはなりません」

「直隷はいま平和なので、とりくめば必ずうまくいくだろう」

「御意のごとく全力でとりくみますが、わが才力でははかがいかないことを恐れます」

以上、やりとりの一部を抜萃したもので、やはり軍務と対外関係を重視していたことがわかる。まもなく上述のように、北京でイギリスとの条約改訂問題に参画し、三月はじめ、総督の駐在地・保定《ほてい》に着任した。

その後、直隷既存の官軍を再編した新部隊「練《れん》軍」に、湘軍の軍制を適用して改革をくわえ、また当地の塩専売制のたてなおしを実施に移している。さらに弛緩していた官界の綱紀の引き締めにも意を用いた。疲労と老齢を自覚しつつも、赴任した以上は、曾国藩らしくマジメに課題の改革事業にとりくんだといってよい。

しかし着任して一年、還暦を迎えたかれの体調は、やはりすぐれなかった。一八七〇年の春以来、右目が失明状態、また歩行も不自由になっている。起床時には、しばしば眩暈がした。

不調は好転せず、五月二一日には、療養願いを出したほどである。もはや心身の限界に来ていたのかもしれない。

それでも希望どおり、じっくり静養することはかなわなかった。「いっそう重要」だと自覚していたはずの、ほかならぬ天津で重大な教案が勃発し、その対処を任されたからである。天津に赴き、教案を処置せよとの勅命が、曾国藩にくだったのは六月二三日。とりあえず小康の快復をまって、天津に直行したいと答申したけれども、ますます急を告げる事態の展開は、どうやらかれを待ってはくれないようであった。

北京政府は教案に対し、遺憾の意を表明し、六月二五日に崇厚はじめ、関係官僚を刑部での審理処分とする。二八日には、崇厚を謝罪使としてパリに派遣することを発表した。ところが翌二九日、フランスの軍艦が天津港沖にあらわれる。

曾国藩は七月一日、もはや猶予ならないと感じ、病身をおして腰を上げ、保定を発った。今度こそ最後のつとめになるとも覚悟したのだろう。天津に向かうにあたり、二子の曾紀澤・曾紀鴻《きこう》にあて遺言をしたため、後事を託した。万一に備えた「霊枢《れいきゅう》」の手配も指示してあるのは、あいかわらず大仰な身振りながら、死地に赴く心地だったのはまちがいあるまい。

「清議」

曾国藩は七月八日、天津に到着、任務に着手した。まずフランス領事を殺害し、教会などを襲撃した犯人の捜査であり、さらには犯罪者・責任者の処罰や賠償などをめぐる、フランスなど列強との交渉である。

しかし多人数の群衆による暴力だから、特定の犯人を特定するのは容易ではない。けっきょく崇厚を謝罪使としてパリへ派遣するかたわら、群衆を主導した「火会」の消防団員たちを検挙し、十六名を処刑、二十五名を流罪とした。管轄にあたり、また事件にも関わった天津の府知事・張光藻《ちょうこうそう》と県知事・劉傑《りゅうけつ》は、黒龍江《こくりゅうこう》岸の辺地に配流としている。列強側はこの二人を死罪に処するよう求めていた。そこは峻拒したのである。また賠償金二十一万両・弔慰金二十八万両を支払うことになった。

一〇月上旬のことだから、決着をみるまでおよそ三ヵ月、難渋な内外の処置・交渉だったことは想像にあまりある。フランス本国は天津教案発生の消息が入ってきたとき、すでにプロイセンと戦端を開いていた。この普仏戦争のニュースは東アジアにも届いたけれども、曾国藩は慎重な姿勢をくずさない。七月二五日、病気をおして起草した上奏では、「交戦に及んだなら、今年かろうじて勝っても、明年ふたたび攻めてきましょう。たとえ天津では防げても沿岸をすべて防衛するのは困難です」と述べたうえで、「淮軍は強力だといっても、外国軍とは比べものになりません」と戦争の回避をうったえた。とにかく丸腰では、どうしようもない。フランスはまもなく敗戦、ナポレオン三世が失脚し、清朝と戦争などおぼつかなかったから、かろうじて破局は免れた。それでも列強との衝突を回避するには、妥協しなくてはならない。

天津現地をはじめ清朝の側では、外国人を襲撃した犯人たちにすこぶる同情的だった。そもそも教案は、キリスト教とその活動に対する根強い社会的反感の具現化であり、その反感は、孤児の育嬰など慈善事業での競合関係・キリスト教の教義と儒教イデオロギーの齟齬など、地域社会の組織そのものに関わって生じたものである。天津で教案をおこした群衆を主導した「火会」も、郷紳が率いる地域組織の一つだった。

そうした地域社会は科挙を通じて、郷紳・官僚を生み出す母胎でもある。そこが西洋人に敵対して教案をおこせば、とりわけ局外にいる政府官僚も、地域社会を支持し、正当化した。往々にして現地と共鳴し、儒教の教理にもとづく原理的観念的な攘夷論に流れたのである。

しばしば「清議《せいぎ》」とよばれたこうした攘夷論の対極に立ったのが、西洋文明に親和的な「洋務」である。清議は汚れなき清らかな正論という意味だから、その立場からすれば、「洋務」は口にするのも汚らわしい所業であった。西洋に近づき阿《おもね》るなど、以ての外である。

しかし交渉の矢面にたつ当局からすれば、圧倒的な軍事力を有する列強と決裂すれば、ただちに戦争を覚悟せねばならない。「清議」・地域社会と対立関係に陥るのは避けられなかった。

曾国藩は天津到着の前夜、つまり同治九年六月九日(一八七〇年七月七日)に宿所で「士民」あて布告を書きあげた。その抜萃が以下の文面である。

教会が幼児を誘拐し、目玉・心臓をくりぬくという風聞で、なんじら天津の士民が西洋人を憎むのは、義憤にかられてのことだと承知している。しかし西洋人に咎を帰すには、それが確かな事実だと明らかにしなくてはならないし、そのうえでしかるべき手続きを践《ふ》まなくてはならない。風聞だけで命を奪い施設を焚くなら、相手も仕返しできるから、報復の連鎖はやむまい。

聞くところによれば、教会焼き討ちのさい、土棍游匪《ならずもの》がまぎれこみ、めちゃくちゃな掠奪をはたらいたとの由。義憤の挙に始まって利益の争奪に終わっては、西洋人の誹謗をまぬかれないばかりか、天津の公正なる紳士も、とても恥ずかしくて行動をともにできないはずだ。

今後いかに既往の咎を懲らし、不平の気を靖んじるか。どうか書を読み理を知る君子諸君が専心考究して、くわしく答申せられたい。

この布告に、曾国藩のスタンスがよくあらわれている。

かれにとって「士民」から成る地域社会は、「公正なる紳士」が指導すべきものだった。「士民」一致した「義憤」だけならまだしも、「風聞」だけの暴力で「利益の争奪」におよぶ「土棍游匪」を生じては、「紳士」「君子」がしかるべく指導力を発揮していないにひとしい。そこであらためて、「書を読み理を知る」郷紳のリーダーシップに依拠して、事態の収拾をはかろうとしたわけである。

ところがその「士民」は、こぞって曾国藩に失望した。西洋に荷担しているとみたのである。抗議が殺到した。曾国藩は天津に入った当初から「不穏な情勢はやまず、まったく見通しがつかない」と、曾紀澤に書き送っている。

教案は「士民」一致した行為だった。その担い手を「公正な紳士」と「土棍游匪」に分断して、後者を前者が統制するよう仕向ける。こうした郷紳の活用が、湘軍の編成から江南の復興まで、一貫した曾国藩の政見・施策であり、いわば常套手段だった。しかしこのたびは、それが通用しなかったわけで、困惑を覚えたのも当然である。

そしてこの地域社会の動向は、まもなく政府の議論にも反映する。「清議」の沸騰は目に見えていた。曾国藩は「内心に忸怩たる思いを禁じえないし、外からは清議の非難を浴びるだろう」と書き送ったとおり、たちまち「内」「外」の板挟みにあって、困難な立場に追い込まれた。体調不良が続いたのも、肉体面《フィジカル》だけではなく精神面《メンタル》で、負担・ダメージが大きかったのであろう。

たとえ内心「清議」に共感はしても、それを現実政治で実行するわけにはいかない。かといって、あまりに譲歩妥協して外国の肩をもつと見られては、官僚・郷紳の世評を失う。政治生命そのものを危うくしかねない。

ここに曾国藩の限界があった。儒教の徳義を呼号励行することで、政府の負託をうけ「士民」の人心を収攬してきたその方法は、「洋務」との両立がかなわない側面を露呈したからである。かれの時代はどうやら、その心身とともに終末を迎えつつあった。

退　場

とかく凶事はくりかえす。はるか長江を隔てた南京で、一八七〇年八月二二日、両江総督の馬新貽が刺殺されるという椿事《ちんじ》がおこった。北京政府は同月二九日付で曾国藩を後任の両江総督に任命し、直隷総督の後任を李鴻章とした。

李鴻章は捻軍を鎮圧平定したあと湖広総督に任じ、ひきつづき大軍を掌握している。陝西ムスリムの反乱掃討のため行軍していたさなかに命を受け、天津にかけつけた。九月一八日のことである。

李鴻章麾下の武力は、内外に示威的な効果を発揮して、曾国藩の任務を進捗せしめた。師弟のコラボはここでも有効だったのである。ポストの引き継ぎをすませたあとも、曾国藩は天津にとどまって、事件の処理をほぼ完了した。

このたびの師弟交代は、たんなる直隷総督の職位にとどまらない。天津教案の過程で、郷紳に依拠するばかりの、いわば曾国藩的な督撫重権では、西洋との対峙・交渉をふくめた「洋務」の円滑な推進は難しいことが判明した。そこはさらに別の伎倆が必要である。

直隷総督に任じた李鴻章は、淮軍の総帥にして、開港場での貿易・渉外を管轄する天津駐在の北洋大臣《ほくようだいじん》を兼任し、地方行政と軍事・外交をあわせ統べることになった。それまで曾国藩が担っていた役割をいっそう拡大し、新しい督撫重権を完成させる。

北京政府にとっても、曾国藩の声望が落ちたのにともない、本人を近くに置いておくメリットは減じた。乏しい名声だけの師傅よりは、むしろ実力ある門弟のほうが有用である。異動を決めた朝廷の意図は、そんなところだろうか。

ともあれ曾国藩は南方にもどった。ようやく年来の想定どおりだろうか、若くて有力な門弟のバックアップに徹する位置づけとなる。多大の誹謗を浴び、面目を失いながらも、かえって安堵したかもしれない。

最期

江南再任にあたって、やはり同治帝・皇太后の引見を賜った。以下はそのうち一八七〇年一〇月二一日（同治九年九月二十七日）、西太后に謁見した時のやりとりを曾国藩が日記にとどめた記録である。


「南方の軍隊調練も、やはり最も重要だ。西洋はとても心配なので、よくよく処置せよ」

「西洋はほんとうに憂慮されます。いま海戦ではとてもかないません。何とか防衛するのみです。汽船の進攻を防ぐべく、長江沿いの要衝に砲台を修築しようと思います」

「防衛できればそれでよい。教会がしばしば騒擾をおこしている」

「教会は近年いたるところで、事件を引き起こしております。キリスト教徒は入信していない人々を欺きがち、宣教師は教徒を庇護しがち、領事は宣教師を保護しがちです。来年はフランスとの批准交換ですので、キリスト教の問題はよくよく調整しなくてはなりません」


南方の治安維持、列強との対抗、とりわけ教会・教案の問題、つまり「洋務」に意を用いていることがわかる。還暦の病身で天津教案に直面し、しかも失意に打ちひしがれたにもかかわらず、なおマジメに職務・課題を果たそうとしていた。

一一月七日に北京を発ち、一二月一三日、南京着。病魔と闘いながらも、精力的な執務ぶりである。

総督既存の職務のほか、あらためてとりくんだのは、やはり「洋務」だった。各地の軍営や軍事工場を精力的に視察、七一年末には江南製造総局を訪問し、新造の艦船に試乗している。またアメリカへの留学生派遣を始めた。米国籍をもつイェール大学卒の容閎《ようこう》の構想・建言にしたがった事業で、のちに第一次派遣の児童三十名を送り出している。

図 30　容閎

われわれもよく知るところでは、日清修好条規の交渉にも関与した。明治日本との条約締結に積極的な意見を述べ、また交渉実務も補佐している。一八七一年九月一三日に締結したこの条約は、李鴻章が条文を作成して、日本の草案を却けるなど、交渉を主導したものだった。曾国藩は終始、その進捗をはかるべく、傍らでサポートする役割を果たしている。

そうした役割分担は多かれ少なかれ、上の「洋務」事業すべてに共通する事情であった。最後にいきついた師弟関係のありようも、そこにかいまみえる。

南京に赴任して一年あまり。上のような職務をこなしていたその間、曾国藩の体調は、あいかわらずだった。持病も症状は一進一退、とくによくならないまま、明けて同治十一年の春を迎える。

西暦は一八七二年の三月一〇日、公文書に目を通して筆を執ったところ、発作が襲った。手が震えて口がきけない状態に陥る。このときは休むと症状もおさまり、命にも別状はなかった。ところが二日後の午後、両江総督政庁の庭を散歩していた時である。また突然の発作、今度は「足麻(足が動かない)」と取り乱し、つきそっていた曾紀澤に抱えられて、どうにか書斎までたどりつくと、すでに意識がなく、そのまま午後七時、息をひきとった。

行年六十二。日記は死去の前日まで記載があって、「また手が震え、めまいの症状が出た」と自身で書き残している。最期まで几帳面は変わらなかった。

VI 柩を覆って

図 31　曾公祠

1 顕彰

与党の立場

北京朝廷は曾国藩の訃報を聞くや、すぐさま哀悼の意をあらわし、三日間朝議を停止する。あわせて人臣最高の「太傅《たいふ》」という名誉職と「文正」という諡号を曾国藩に追贈した。首都・各省には祠堂を建てて、かれを祀るよう命じ、その一等侯爵は嗣子の曾紀澤に世襲させている。まもなく高官たちが指揮して、文集の編纂が始まった。「中興の名臣」たる「文正公」の顕彰である。

曾国藩は兵馬《へいば》倥偬《こうそう》・政務繁多のうちに、六十年という長くない生涯を終えた。「弟子の李鴻章は官僚づとめに命がけ、兪樾《ゆえつ》は本を書くのに命がけ、自分はどちらも無理、中途半端だった」とは自らの述懐である。それでも当代一流の文人であり、かつまた筆マメだった曾国藩の遺した著述は、やはりおびただしい。

官庁・オフィスに保存のあった上奏文・公文書・公私の書翰、家中・プライベートでは、親筆の日記・家族あての手紙も残っていた。ほか詩文など、大小の著作もある。あらかたを集成して『曾文正公全集』全一六三巻・首巻一巻という厖大な著作集となった。出版は一八七〇年代半ばのことである。

こうした編纂・出版は、ほぼ曾国藩の門弟の手になる事業であった。高足の李鴻章を筆頭とする各省の督撫以下、全国に散在する多くの文武官僚、あるいは知識人たち、およそ曾国藩の息のかかった有力者にとって、こうした事業は不可欠である。亡き先達の顕彰ばかりではない。自分の存在理由を証明し、正当化するためにも必要だった。

というのも、曾国藩は確かに「中興の名臣」筆頭ではありながら、生前の評判といえば、褒貶こもごも、悪名も相当に高かったからである。湖南の挙兵に先だつ審案局にはじまり、南京奪回にいたる数々の虐殺は、すべてが手づからの所為ではないにせよ、その責任は正しくかれ自身にある。「曾剃頭」「曾屠戸（虐殺屋の曾）」とは、人々の怨嗟を表明、代辯する別名だった。また「洋務」に荷担し、天津教案で列強に迎合、屈服した「国賊」と漫罵したのは、地域社会・「清議」ばかりにとどまらない。

地位の高低にかかわらず、門人・与党は多かれ少なかれ、そんな曾国藩と同じスネの傷を持つ。名声で覆わなければ、自分たちにも誹謗中傷が及びかねない。たとえば「国に尽くした忠義・人を知る明察は、自身の及ぶところではない」とは、左宗棠の上奏の一節である。あれほどコンプレックスを抱いて関係の悪くなった左宗棠ですら然り、親近の関係なら、なおさらだった。

李鴻章はその典型である。かれは具体的な政見・政策で、曾国藩を必ずしも後継していない。互いの性格・資質も周囲の情勢もちがっていたから当然とはいえ、しかし起居家常を曾国藩に倣うとともに、遺族にも手厚い配慮を忘れなかった。

もとより亡き師に対する尊崇・追慕はもだしがたいものがあったにせよ、その言動は個人的な心情に発するばかりともいえまい。むしろ「文正公」の正しい後継者として自らを位置づけるための、ごく政治的なアピールだったとも解しうる。

即位の待望

与党の言動はこのように、種々バリエーションがあっておもしろい。自身はごく地味でネクラな曾国藩をいささか華やかに彩ってもいる。
『全集』にある記述でいえば、年表と索引を兼ねた附録の「年譜」は、やはり門弟の黎庶昌《れいしょしょう》が編集した作品。その同治十一年二月四日の条は、曾国藩逝去のいきさつを克明に記したあと、
小雨の南京、陰鬱な空に向かって火柱があがり、消防があわててかけつけたが、何にもなかった。西南の空に赤い光がさしこみ、しばらくすると消えていった。

と死亡時刻の様子を伝える。もちろん潤色の伝説ながら、こうした名人偉人の神格化を平然と書き込むのは、中国史上めずらしくない。白蛇を斬った漢の高祖はじめ、君主につきまとう吉《きっ》兆《ちょう》瑞祥《ずいしょう》や怪異現象は、それこそ枚挙に暇のないことである。

そもそも清廷に対しずっと不遇感を覚えていた湘軍・郷党の人々は、しばしば曾国藩の皇帝即位、王朝樹立をささやいた。咸豊十一年ごろ、故郷の湘郷で書斎の「思雲館《しうんかん》」を建てなおしたさい、「両江の総督は小さすぎる、南京に行ったら皇帝になりなさる」といわれたというエピソードがある。また同じころ、部下の彭玉麟が遣わした使者から曾国藩が受け取った手紙に、「東南半壁には主がいませんが、老師にお気持ちはないんでしょうか」と書いてあって、即位自立を促した、という逸話もある。

もとより真偽未詳ながら、共通するのは、湖南の郷党が江南での即位、自立を勧め、曾国藩が拒む、という構図である。すでに述べてきたとおり、当時から湖南人を中心とする曾国藩集団と清朝中央との関係には、微妙な空気が流れていた。後者に対する前者の不信感がこうした逸話に表現されているとも読める。

だから同工異曲の風説は、これだけにとどまらない。曾国藩の宿痾・疥癬でできたカサブタを、皇帝のシンボルたる龍の鱗に見立てた話柄すらある。そのうち最もリアルで信憑性の高いやりとりは、おそらく趙烈文《ちょうれつぶん》の日記にあるエピソードだろうか。

趙烈文は咸豊五年(一八五五)に曾国藩の幕僚になった人物で、やはり門弟の関係にある。時に曾国藩は四十五歳。二十四歳の趙烈文にとっては、あたかも師父の存在、敬愛は終生やむことがなかった。

趙烈文はこの時期、克明な日記を著しており、太平天国・曾国藩に関わる重要な史料となっている。天京陥落時の湘軍の掠奪蛮行も、その筆が後世に伝えたといってよい。この文脈では、同治六年六月二十日・二十三日(一八六七年七月二一日・二四日)に繋けた会話記事が注目に値する。


「天下の治世は、一統が久しく続きますと、必ず分裂の趨勢になるものです。……わたしのみるところ、他日の禍はきっと中央の倒潰《とうかい》から起こり、しかるのち地方を統治できなくなり、各地自立してしまうでしょう。五十年先にはそうなりかねません。……清朝が倒れても、東晋や南宋のような南遷のマネはできますまい」

「わが師(曾国藩)は事業を達成なさって、大いに道は開けました。歴年の労苦は、匪賊との戦いが三、四割で、世情制度との戦いのほうがむしろ多くを占めます。いまわが師は勝利を収められ、天下は翕然《きゅうぜん》と靡《なび》いておりまして、この局面をあらためるには、数百年かかるでしょう。一統が久しく続きまして、分裂の兆しはすでに見えています。これは人事とは申しましても、やはり天の意思というほかありません」

以上の趙烈文の発言を総合すると、清朝の命運はつきており、少なくとも江南で曾国藩が自立すべきだ、という結論になり、郷党の意見とかわらない。曾国藩はそんなサジェスチョンに対し、「清朝の君主は仁徳正しいから、そんなことにはなるまい」、「結末は運命がきめる」と答えてとりあわなかったのも、同じ構図である。

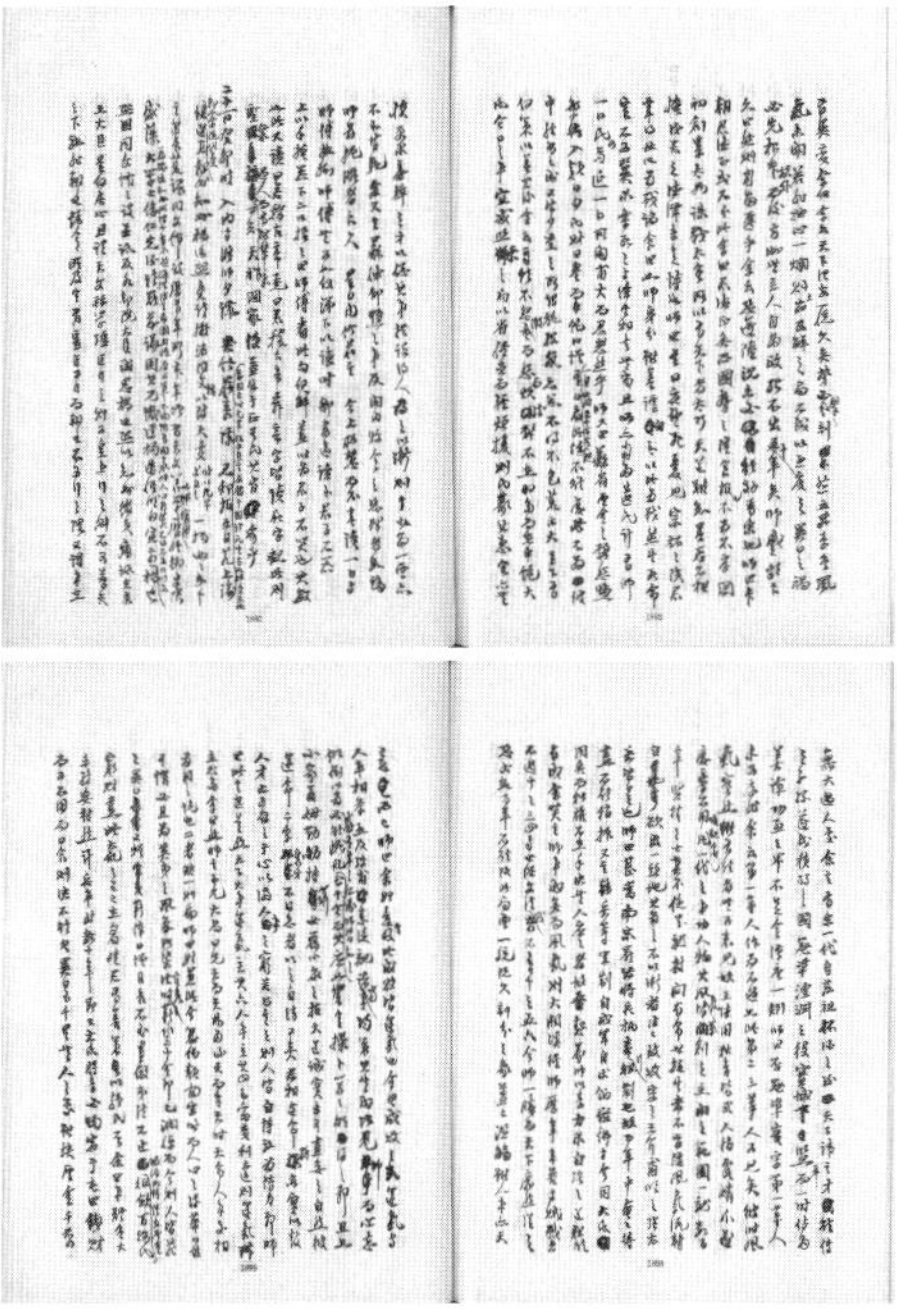
図 32　曾国藩に自立をすすめる趙烈文の日記

趙烈文は江蘇省常熟《じょうじゅく》県の人だから、湖南人ではないし、また話題にのぼった時期も、曾国藩の両江総督任命時と在任時で、数年を隔てるから、即位に期待した動機・論理は、おそらく異なっていただろう。もちろん師弟のやりとりも、このとおりに実在したものかどうかわからない。

それでも確実にいえるのは、少なくとも太平天国に蹂躙された江南は、もはや清朝の羈絆を離れたも同然、代わって曾国藩の勢力が盤踞した事実である。それなら同郷人かどうかを問わず、応分の地位を求める機運が高まっても、さして不思議ではあるまい。

本人の立場

もちろん反省マニアで小心翼々、廉直にして謙譲な進退を旨とした曾国藩は、そんな郷党門弟の期待に沿える気宇性格をもちあわせなかった。本人が最もよくわきまえていたことである。

> 盛世に創業垂統する英雄は、襟懐豁達《ふとっぱら》を第一義とし、末世に危を扶《たす》け難を救ふ英雄は、心力労苦《あくせく》を以て第一義とす。（図33の一～三行目）

あまりに有名な曾国藩のことばであり、関連の著述がその自画像として、必ず引用してきた一句である。ただし、なぜこんなことを記さなくてはならなかったのか、その文脈には、あまり考慮がゆきとどいていない。

この発言は実に咸豊十年、両江総督を拝命したタイミングのものであって、どうやら郷党の即位待望論の起こりと時を同じくしている。それなら周囲の過大な期待に反する、登極拒絶のつぶやき、いな宣言であってもおかしくない。

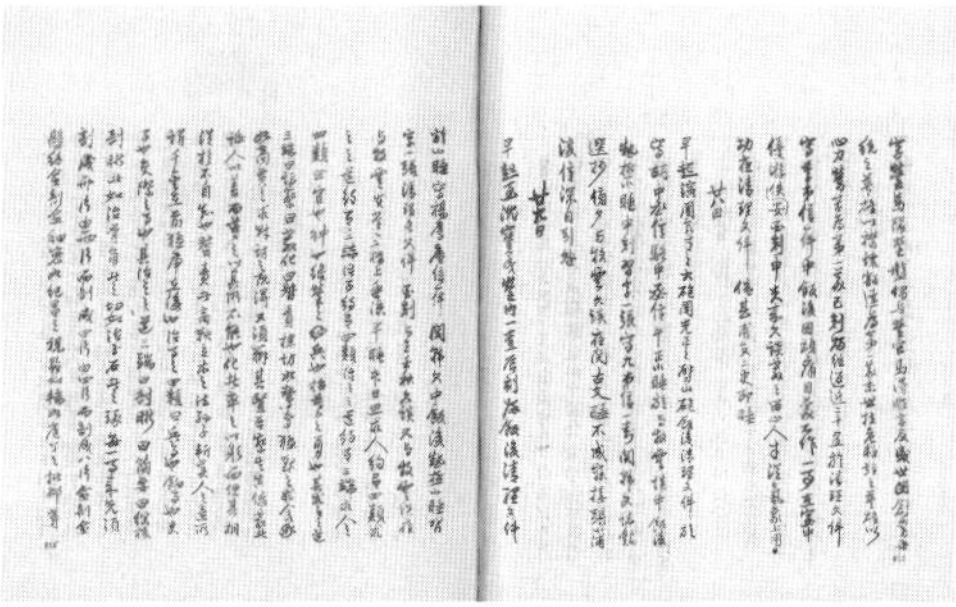

図 33　曾国藩の日記(咸豊 10 年)

自身はなるほど、尋常ならざる地位と業績を有し、「英雄」というに値する。それでもしょせんは刻苦勉励で「危難」を救援するしかできない、とても「創業」統一して新しい政権のリーダーにはなれない、というのである。とはいえ、郷党の思いをそのまま放置もできない。あらぬ言動に及んでは、リスクをともなう。

それからまもなく、安慶を奪回したころ、曾国藩は同郷の知識人を動員して、湖南出身の先学・大儒たる王夫之《おうふし》の全集復刻事業をはじめた。『船山遺書《せんざんいしょ》』の刊行が完結したのは同治四年(一八六五)十月、「船山」は王夫之の別号である。

王夫之は一七世紀の人だから、上にふれた顧炎武と同時代人であった。しかし湖南という田舎出身の王夫之には、経済

図34　王夫之

文化の先進地の都会・蘇州出身で、最先端の考証学を創始した顧炎武のようなマネはできない。古い宋学を受け継いだ碩学だった。

それでも時代思潮は共有している。顧炎武と同じく、いなそれ以上の激しい攘夷思想を抱き、明清交代にあたって、満洲人の君臨に対する憤懣を著した。もとよりその種の著述は、清朝の体制下では禁忌に触れるということで、埋もれて世に知られてこなかったのである。ようやく道光二十二年(一八四二)、その経学に関わる著述が刊行をみたのみで、なお全貌は明らかではなかった。

この時期わざわざそのような刊行事業をはじめた曾国藩の真意は、残る資料からは必ずしもさだかではない。ただし、もだしがたい郷党の清朝批判をともなう待望と、それに十分こたえられぬ自身の性格・能力・立場が存在したことを考え合わせれば、そのはけ口・受け皿にしようという裏面の企図もかいまみえる。同じく反清思想を有し、表現した顧炎武の著述が既刊だった、という情勢もみきわめてのことで、お国自慢として郷里の先儒を顕彰する目的ばかりだったとも思えない。

しかもそうした事業を通じて公になった王夫之の反清思想が影響して、以後の湖南に革命家が輩出したといわれる。その掉尾《ちょうび》を飾るのが、船山学社に学んだ毛沢東だったとすれば、「英雄」の因果はめぐる、というべきかもしれない。

このようにみてくると、曾国藩の逝去時に怪異現象のあったことを、ことさら黎庶昌の「年譜」が伝えた理由も、およそ説明がつく。滅亡同然の清朝にあって、曾国藩の達成は皇帝即位・王朝創業に匹敵するのだ、自分たちは新しい時代を開いたのだ、という郷党・門弟の思いをせめて後世に伝えたかったとおぼしい。

2　あとに続く人々

梁啓超

冒頭で「曾文正文集」にふれた黄遵憲の発言は、ちょうど『全集』刊行が完結したころにあたる。黄遵憲は広東人、同省近隣の出身の張蔭桓《ちょういんかん》という先輩官僚を介して、李鴻章にみいだされた新進の俊才だった。「曾文正公」との出会いは、李鴻章を介したものだったのかもしれない。そうだとすれば、『全集』編纂をはじめとする李鴻章たちのねらいは、ともかく図に当たったことにはなる。

かくて曾国藩本人の息のかかった人々以外にも、直接・間接にかれの遺文＝名声はひろまっていった。門弟・与党の企図・期待どおり、いなそれ以上ともいってよい。

やはり当代を代表する大官にして文人である。三国志の諸葛亮《しょかつりょう》、あるいは唐宋八大家の韓《かん》愈《ゆ》・欧陽脩《おうようしゅう》に勝るとも劣らない、と称せられる行状・素養・業績ではあったから、文字・文章を通して、曾国藩のストイックな精神生活や幅広く奥行きのある学問に憧憬をもつ士大夫・政治家が輩出しても、怪しむに足らない。

典型的なのは、二〇世紀初頭に中国の革新をとなえ、当時の青年知識人でその影響を受けなかった者はいない、と称せられる梁啓超《りょうけいちょう》である。かれは曾国藩に傾倒して、自身個人の信条・修身からはじまって、やがて天下人心の道徳・教化にいたるまで、その著述を徹底して活用した。

　しかしわたしは世事を経るにつれ、いよいよ尊崇している。曾文正公が今にしてなお壮年だったなら、中国はきっとその手で救われるにちがいないと思う。……天下をきれいにしたくないのならともかく、われわれにその志があるなら、曾文正公集は日々くりかえし読誦せねばならぬ。

以上は一九〇三年の文章、梁啓超の言論的影響力が最も大きかった時期の作、「末世に危を扶《たす》

け難を救ふ英雄」という自画像をなぞった口吻である。ついで、すでに清朝が亡び、中華民国となっていた一九一六年には、

曾文正公なる者は、近年はおろか有史以来ほとんど見ない傑物である。またわが国だけではなく、全世界でも稀な傑物である。……「誰でも聖人になれる」と孟子はいったが、ほんとうに誰もが学べば、聖人の境地にたどりつけるかはわからない。しかし曾文正公なら、誰でも学んでたどりつける境地だ。文正公の天賦の才覚に人とちがったところはないからである。……人心のすさんだ時世に遭って終生、挫折と誹謗・嫉視のくりかえしのなか、自己の心身のみを頼みにして、曲《ま》げず阿《おもね》らず倦《う》まず弛《たゆ》まず、ついには世全体の空気を一変して災厄の時代を挽回した。その発言はすべて自らの実体験にもとづくので、切実にして滋味に溢れ、目前の役に立つものばかりである。宋学先儒の語録など、およびもつかない。

と記した。こちらは、かつて推奨した「曾文正公集」の「目前の役に立つ」エッセンスをかいつまんで編んだ曾国藩「語録」に寄せた序文の一節である。褒辞横溢、ジャーナリス

図 35　梁啓超

図 36　袁世凱

ト・煽動家らしい誇張ながら、同じくアジテーターの気質濃厚だった曾国藩とは、やはり平仄が合っていたのかもしれない。

　このように書くと、梁啓超一人が目立ってしまうけれど、同じ時期に曾国藩を高く評価した著述は、決して少なくない。梁啓超はむしろその典型例とみたほうがよく、そしてなお言論レベルにとどまっていた。

　梁啓超はこの直前まで、いわば「政客」として五年の間、袁世凱《えんせいがい》政権に参画していたけれども、その関係で曾国藩をとりあげ云々するようなことはしていない。この曾国藩語録は、袁世凱が辛亥革命で自ら否定したはずの帝位に即こうと運動をはじめ、中国社会もそれに迎合した人心の堕落ぶりに衝撃を受けて公にした著述である。あらためて「英雄」「傑物」曾国藩の道徳力・影響力に着眼、期待したわけで、世上にその受け皿を作るべく、かれ自身も以後は政界を退いて、教育に力を入れた。

蔣介石

その後あらためて、曾国藩を顕彰した著名人は、蔣介石《しょうかいせき》である。軍人から国民党のトップにつき、南京国民政府の最高権力者にのぼりつめたかれにとって、曾国藩はおそらく理想のカリスマだった。一流の文人にして三軍を指揮し、内乱を鎮定し秩序を再建した儒将だったからであり、伝えられるマジメでストイックな性格が自分に似て、親近感を覚えたこともあっただろう。

蒋介石は常に『曾文正公全集』を机上に置いて読みふけり、その生活習慣をまるごと模倣した。その徹底ぶりは直弟子の李鴻章をしのぐほど、梁啓超の教えを正しく実践したともいえよう。

自身の内省修養ばかりではない。率いる国民党内でも、曾国藩の著作を閲読するよう呼びかけた。こうなると、政治的な意図が前面に出てくる。

図 37　蒋介石

梁啓超にせよ蒋介石にせよ、その眼に映った目前の中国の政治社会は腐敗堕落、慨歎すべきありさまだった。その事態をもたらした責任は、それまで政権を主導した民国の袁世凱にあり、またかれを育成し抜擢した清末の李鴻章にある。いずれも長く権勢を掌握したから、応分の責任を負うべきだった。

しかし李鴻章の師傅だった曾国藩はちがう。かれは内乱を鎮圧し、秩序をたてなおすにとどまり、全国政治を主導

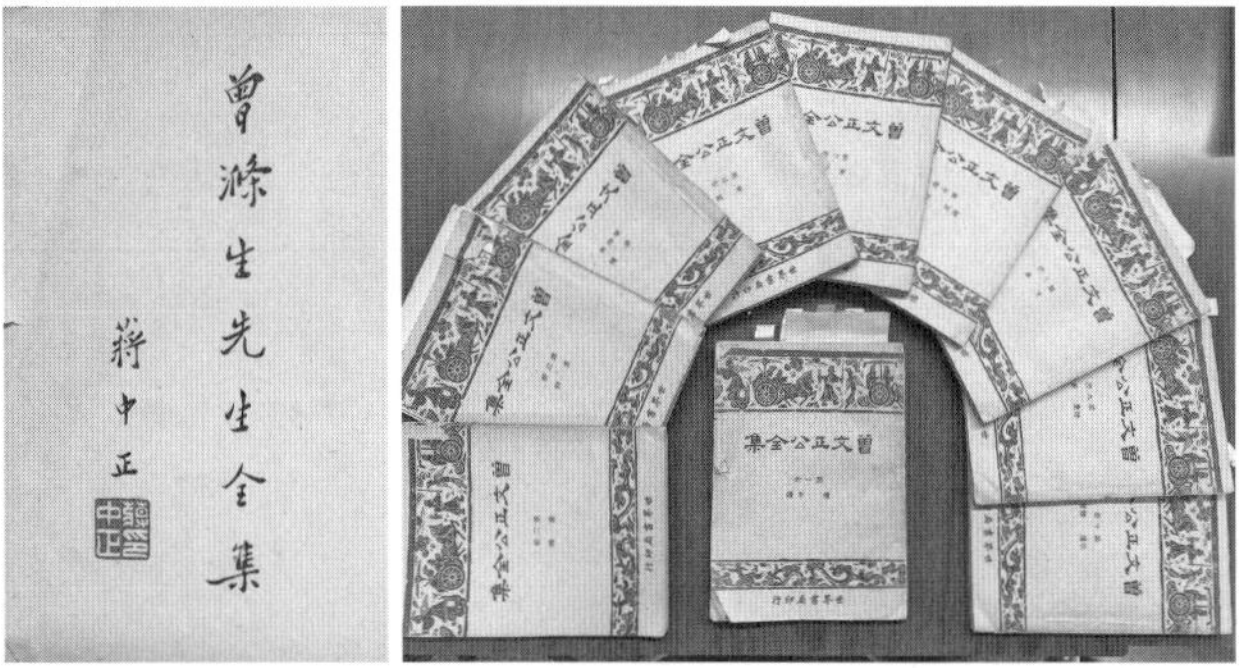

図 38　『曾文正公全集』(再刊本)および蔣介石のサインが入った扉

しておらず、現状に直接の責任はない。しかも自身は精神主義であり、利禄を顧みない美徳に溢れ、醇乎たる修養を前面に押し出し、それを流麗な詩文で後世に残した。功利ばかりで人をあしらい、政務の文書しか遺さなかった俗物の李鴻章・袁世凱とは、はるかに次元の異なる人格である。

言論・社会レベルでそうした評価を喧伝した梁啓超に対し、蔣介石は一九三〇年代、政治・イデオロギーのレベルにまで高めた。かれは折しも、中国の国家国民を内面から一新すべく「新生活運動」を提唱している。日本との軍事的な対峙のなか、伝統的な儒教の徳目をかかげつつ、近代文明の生活を義務づけ、習慣づけようとした大衆運動であり、そんな政治社会的な観点からも、曾国藩は称揚すべき恰好のモデルを提供した。清廉謹直な儒将にして、なおかつ「洋務」にもとりくみ、不世出の功業を達成した人物だったからである。

蕭一山《しょういつざん》ら同時代の著名な史家が、あいついで曾国藩の伝記を書き下ろしたのも、そうした方向に応じていた。また同じ時期、世界書局より版本を一新した『曾文正公全集』の刊行をみたのも、同一の文脈にある。新版の全集は一九三六年初版・全四冊の洋装活版本で、筆者も再刊の十冊本を架蔵、愛読してきた。いずれも座右に置いて閲読できるよう、工夫をこらしたコンパクトでハンディな装丁になっている。

清末の門弟らの全集編纂、民国の梁啓超の語録編集に続く第三次顕彰企画だといってよい。いずれも曾国藩を近代史上最大の偉人、救国の「英雄」・伝統文化の大成者のみならず、外来の文化と固有の文化が融合した新たな精神文化の先駆者と位置づけようとする試みだった。

褒貶の背景

光があれば陰がある。照明が強ければ強いほど、陰翳も濃くなる。逆もまた真なり。曾国藩の名声が上がった背後には、かれを譏る罵倒・怨嗟がたえず存在していた。むしろ消えぬ誹謗の存在が、郷党・与党・門弟にことさら顕彰をくわだたせる動機をなしたといったほうがよい。同じ湖南人でも非難を憚らない者はいたし、曾国藩の孫も、祖父は「民賊」、庶民にとって仇敵だった、と述懐した。

そこは政治家としては、まぬかれないところでもある。世事は多かれ少なかれ利害・功罪の両面あるもので、一方を死守すべく、他方を否定し犠牲にせざるをえない。責任ある立場に立てば、そんな局面に直面するのも、往々にして不可避ではある。

したがって曾国藩に対する虐殺・売国といったたぐいの悪評は、かれがいかほどマジメに戦争・政務にとりくんだかを逆説的に示すバロメーターといっても過言ではない。だから裏返せば、容易にそれは名声に転化しえた。

顕彰事業はその組織的な試みだったわけである。はじめは門弟らの自己辯護的な動機に発していたであろう。しかもかれらは、清朝政権をささえる官僚でもあったから、そうした自己辯護は、半ば体制の擁護にもひとしかった。

だとすれば、二〇世紀に入り、清朝がなくなってからも、曾国藩の顕彰がなお続いたのは、新しい局面ともいえる。梁啓超・蔣介石にいたって、それが来たるべき中国の国家建設・国民形成と結びついて、深い関連を有するようになった。

それなら他方の誹謗は、どうだったか。顕彰は「中興の名臣」として組織的な事業がむしろ先行したのに対し、非難の声はその場その時の文脈で発せられることが多く、必ずしも体系的組織的なものではなかった。庶民にとっては殺戮者、士大夫にとっては売国奴であり、それぞれに必ずしも動機・文脈は同じではない。そのため、ひとまずは名声のほうが圧していたかにみえる。

革命における消長

そうした情況を転換させるのは、革命運動だった。「中国革命の父」孫文《そんぶん》は、清朝の打倒をめざした当初、自らを「第二の洪秀全」・自身の事業を太平天国の継承と位置づけた。これは太平天国が「粤匪」と呼ばれたように、孫文と同じ広東人が清朝の討滅をめざした叛乱だったことに由来する。それなら太平天国を葬った曾国藩を敵視するのも、いわば当然の論理の帰結だった。

図39　孫文

もちろん革命運動に従事したのは、孫文ら広東人のみにはかぎらなかったから、曾国藩に対する批判も、そうした地域性のみが動機ではない。むしろ地域を越えて、清朝打倒と関連の深かった、当時のいわゆる「民族主義」「排満」という方向に即したものである。曾国藩らが清朝・満洲族の抑圧・籠絡を受けて、同じ種族の漢人を攻撃殺戮したことを非難した。

逆にいえば、革命派の曾国藩に対する批判は、いかに激しく厳しくとも、この程度である。出身の地域・敵対した種族というくらいのごく素朴な動機であって、そのほかの側面であげつらうことは少なかった。

希代のジャーナリスト・梁啓超は、上に引いた一九〇三年作の文章で曾国藩を称揚するにあたり、文頭「しかし」とはじめている。すでに曾国藩を非難する向きを想定した行文であって、果たしてこの前文には「曾文正は最近の排満家が最も唾棄する人物である」とあり、革命派との対立を明確にした文章でもあった。

あえて「排満家」というところ、清朝打倒＝太平天国しかみていないというにひとしい。それに対し自身は、もっと根源的な個々人の「仁徳」を注視するのだと相手の視野狭窄を指摘した攻撃的な論旨でもある。梁啓超は曾国藩に対し、ここで個人的な傾倒から公共的、政治的な評価に転じたといってもよい。そこに革命派の曾国藩誹謗が作用していたこともみのがせないだろう。

したがってそうした批判を受け、また民国時代に入ると、革命派の曾国藩批判も、トーンが下がってきた。「排満」ばかりにとどまらない「五族共和」や国家建設が革命運動の重要な課題になってきたからである。「第二の洪秀全」だったはずの孫文のとなえた「民族主義」も、清朝覆滅・滅満興漢から「中国」を脅かす「帝国主義」へターゲットを移した。それなら曾国藩に対する否定的な評価は、もはや二の次、いわばどうでもよい。

孫文晩年の著名な「三民主義」講演では、左宗棠は登場しても、曾国藩への言及は皆無だった。かくて蔣介石のような信奉者が権力を掌握すると、曾国藩の称揚、いな政治的な利用が再開することになる。

蔣介石は孫文の後継者を自任したけれども、こと曾国藩の処遇に関するかぎり、両者にはかなりの径庭《けいてい》がある。これは本人たちの性格・嗜好のちがいもあろうし、立場・目標の異同もはたらいていた。あくまで革命家で「未だ成功」をみないままだった孫文と、ひとまず「中国」統一を果たし、政治家として秩序の再建を担わねばならなかった蔣介石では、やはり姿勢・思想も異なって当然ではある。

「半植民地半封建」

国民政府を打倒駆逐して大陸を支配し、政権の座につき、中華人民共和国を建てたのが、中国共産党である。その事実は従前の蔣介石の政権イデオロギーを共産党が否定したにひとしい。不倶戴天の仇敵ながら、共通の外敵に対抗すべく、ひとまず「合作」していた国・共の矛盾・対立は、つとに日中戦争中から明らかになっていた。

中国共産党の政権イデオロギーを構成する歴史概念は、最高指導者の毛沢東が設定した「半植民地半封建」である。そうした「半植民地半封建」の国家・社会の最終形態が国民政府治下の中華民国であり、それを克服する勢力・政権として共産党・人民共和国が位置した。

ごく簡単にいえば、「半植民地」とは外国に屈従する、「半封建」とは旧体制・旧秩序を温存する、という意味であり、その典型が蔣介石政権であった。日本との対峙のなかで、「安内攘外《あんないじょうがい》」路線をとったからである。

「安内攘外」とは文字どおりには、まず国内を平定し、しかるのちに外敵を倒す、という意味ながら、現実には国内で敵対する革新勢力、つまり共産党を撲滅するため、外国の侵略勢力と妥協する、という政策だった。日本帝国主義に妥協譲歩を重ね、共産党を敵視弾圧しつづけた蔣介石の行動に、ピタリとあてはまる。

その蔣介石が史上のモデルにしたのは曾国藩。儒教・郷紳という旧体制・旧勢力で、太平天国という国内の革命勢力を打倒し、「洋務」で外国に迎合した曾国藩は、やはり「安内攘外」=「半植民地半封建」に適合する歴史上の人物である。

「半植民地半封建」を克服するなら、蔣介石の「安内攘外」を打倒しなくてはならず、その歴史的な模範の曾国藩を批判し、否定しなくてはならない。かくて目前の蔣介石への対抗は、史上の曾国藩に対する非難となってあらわれる。

范文瀾

そうした要請にこたえたのが、歴史家の范文瀾《はんぶんらん》が著した『漢奸劊子手曾国藩的一生』という書物だった。日中戦争のさなかに書かれ、一九四四年に発刊、後に通史の『中国近代史』に収録され、いわゆる「改革開放」以前の中国史学界で、さらには日本の中国近代史研究者のあいだで、最もよく読まれた論著の一つである。筆者もご多分にもれず、学生時代にゼミのテキストとして講読した。

くりかえし味読するに値する名文の著作で、中国共産党の曾国藩に対する歴史的評価の決定版だといってよい。その評価にもとづく曾国藩の歴史像が、いわば大陸の「通説」として、永く学界のみかたを規定した。

日本もその例外ではない。一九六六年に人物往来社から出た近藤秀樹『曾国藩』も、基本的にこの范文瀾の「通説」に依拠した。それ以後、日本語の本格的な曾国藩の評伝は出ていないので、なお学術的に標準的な地位を保っている。

図 40　范文瀾

以上に説いてきたところで、范文瀾の著述・「通説」の内容はおおむね察しはつくだろうから、タイトルを説明するだけにとどめたい。「漢奸」は日本語の「売国奴」と類似のニュアンスをもつ漢語で、曾国藩が列強に迎合従属した「洋務」の事蹟を、「劊子手」とは「首斬り人」の意味であり、内乱鎮圧の過程でおびただしい人々を虐殺した事蹟を指している。

何のことはない、同時代から曾国藩に浴びせられてきた悪評を、「半植民地半封建」テーゼにあてはめただけである。しかしながら、これまでの否定的な評価は、ごく間歇的散発的なものであって、体系化理論化されたことはなかった。それが歴史家の手で政権イデオロギーの理論体系に即応する学説になったのである。中国社会に根強く存在する排外的反体制的な感情を、政治的な人物評価と結びつけた仕事だったといってもよい。久しく影響力を保ったゆえんであろう。

こうした「通説」的な曾国藩像は、一九八〇年代以降の「改革開放」を転機として、ずいぶん変わってきた。少なくとも中国語の范文瀾・日本語の近藤秀樹のような全否定の筆致は、もはや稀だといってよい。

しかしそれでも、中華人民共和国はやはり中国共産党が政権を掌握する国家であり、その現行憲法は依然として、過去の中国が「半植民地・半封建の国家」だったと明記する。これまでの「通説」が完全に払拭されたというわけではない。

おわりに

素顔

曾国藩を「曾国藩」という歴史的人物たらしめたのは、自身の行状・力量ばかりでなく、それをとりまいた社会環境・時勢の力であった。それなら世人からどのように理解され、評価されてきたかも無視できない。少し紙幅を費やしてきたゆえんである。

清末の革命家・章炳麟《しょうへいりん》がつとに述べたとおり、曾国藩を誉める者は「聖賢」とたたえ、罪する者は「元兇」と断じた。称揚・誹謗いずれにしても、その時々、かりに曾国藩本人が生き返って見聞したら、おそらく目を丸くして驚いたにちがいない。

後世の利害関係・イデオロギーによる毀誉褒貶は、中国史上のいわゆる偉人名人につきまとう宿命、伝統的な筆法であり、そのこと自体には一貫して変化がない。それでも曾国藩の場合は、あまりに極端だったといえよう。

ひるがえって、そんなかれの実像を摑むには、本人の言動・事蹟から帰納するほかない。本書はもちろん、つとめてそうしてきたつもりである。しかしながらプライベートな素に近い横顔には、あまりふれる機会がなかった。しめくくりに少し補っておきたい。

筆マメな曾国藩は日記を欠かさず、家族にあて書翰・訓戒をたくさん遺しているから、その生活ぶり、心がけがよくわかる。その家計・信条など、つとに多くの論著でとりあげられてきたとおりだし、本書でも折にふれ、言及してきた。

さらによく引かれる文言をつけくわえておこう。「わが家風は晴耕雨読、決して官僚の気風に染まらぬよう慎むべし」、「銀銭・田産をもつと、驕慢怠惰になりやすい。断じて銭を蓄え田を買うべからず。読書すれば飯は食える」と、篤農読書の「家風」を維持するよう、くりかえし説いた。農業を「本」とする儒教思想そのままである。

それは公的な行政指針にも反映した。なお太平天国との交戦時、咸豊十一年に発布した「州県を勧誡《かんかい》す」という告示文に、

この戦争がおこって以来、士農工商のうち、ただ農夫のみ、みな生計に苦しんできた。農夫をあまりに苦しめては必ず田土が荒廃する。軍兵は食糧がなければ、必ず民から奪い、庶民は食糧がなければ、必ず身を匪賊に投ずる。匪賊に食糧がなければ、必ず各地転々とする流賊と化し、大乱もいつ果てるともない。だから今日の州県は、重農を第一の要務とすべし。商人を苦しめる銭なら取りたててもよい。農夫を害する銭は取ってはならぬ。

という。もちろんこのとおりの施政だったわけではない。それでも戦中・戦後に、釐金の賦課

と田地への減税を実行したのは、その個人的な信条・性向と無関係だったとはいえないだろう。
つまりは開発地主の祖父に似た晴耕雨読の篤農家・読書人というのが、曾国藩の掛け値なしの本質にほかならない。ごく保守的な田舎人にして良心的なインテリ、ないし村夫子というのが、かれの素顔だろう。

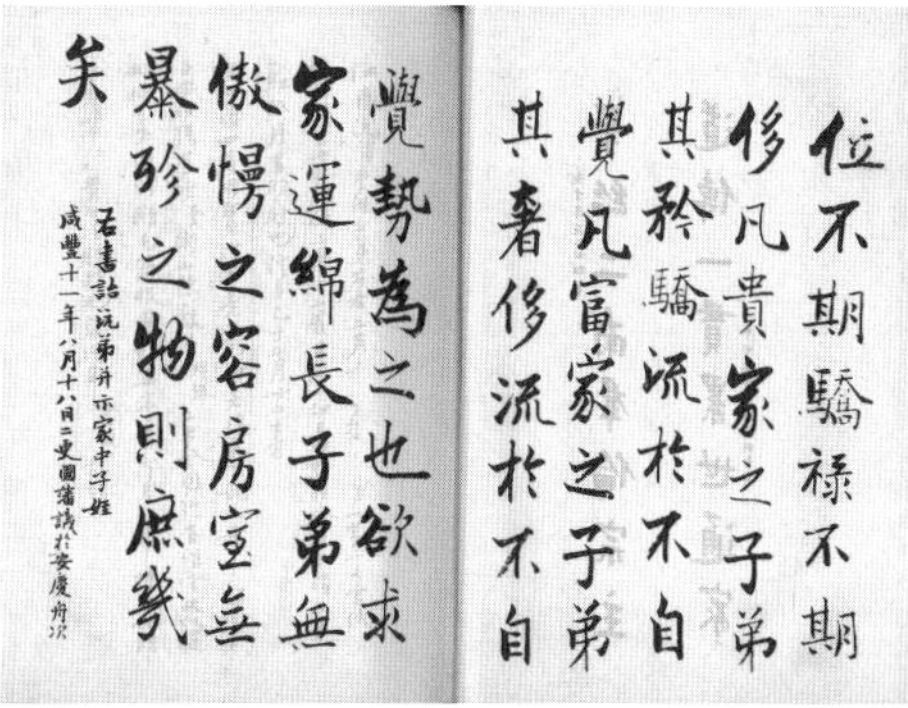
位不期驕祿不期
侈凡貴家之子弟
其矜驕流於不自
覺凡富家之子弟
其奢侈流於不自
覺勢為之也欲求
家運綿長子弟無
傲惰之容房室無
暴殄之物則庶幾
矣
右書諭沅弟并示家中子姪
咸豐十一年六月十八日二更國藩識於安慶舟次

図 41　曾国荃あて訓戒

湘軍・曾国藩集団は「書生的」との性格規定がある。そもそも学問的な師弟・師友の関係からできた軍事集団だったから、曾国藩は実際、部下に対する上司・司令官ではなく、書生に対する師傅として臨んだ。李鴻章などは生活指導まで受けたほどである。人に教えを垂れる以上、自分の身も慎んだ。勤勉・節倹・清廉がモットーである。

四書の『大学』を重んじる宋学者らしく「修身」の次は「斉家」、だから家族に対しても、実に口やかましい男だった。とりわけ目に余るのが弟たちである。家業を継いだ弟の曾国潢は、兄の威権を借りて、地元の顔役に収まり、従軍した曾国荃は、手柄をたてるたび、故郷で利権を漁りまくった。当時の官僚一家なら、ごく普通だった行動様式も、曾国藩には我慢ならない。倨傲驕慢に流れてはならぬ、とくりかえし厳しい訓戒を与えた。その一方でかわいい弟として、身の立つようにしてやったのも、家族を大事にする田舎地主らしい素朴な儒教倫理の発露といえる。

褒貶をこえて

そういう人物がおよそ似つかわしくない高官の地位・場違いな殺戮の戦場に立たされた。そんなギャップと田舎者の愚直さ、インテリ・エリートの文章力とがあいまって、ストイックなカリスマ、マジメなアジテーターとして、未曽有の動員力を発揮しえたのは、けだし当時の中国社会のありように応じた結果である。自身はこれを「英雄」と見立て、内藤湖南《ないとうこなん》は「天才」と称したけれども、本人の意識せざる、あずかり知らぬ配剤ではあって、その能力と業績の懸隔をもたらした。

戦争の指揮もヘタ、内外の政務もヘタなくせに、戦勝の元帥・中興の名臣になりおおせたのは、とにかく勤勉、マジメにとりくんで、おびただしい数の人を殺したあげく、大きな叛乱を平らげたからである。個人的なパーソナリティと社会に及ぼした力量との乖離が著しい。それが後世の毀誉褒貶の大きな振幅にもつながった。

そうした点、ほんとうに摑みづらい人物である。中国世界の歴史の複雑さを体現する「英雄」でもあった。だから評価も一定しない。

なるほど曾文正公は、古今の名儒名臣の掉尾をかざるに足る人物であった。しかしその学はみな陳腐で瑣末、迂遠で無用なものであって、今日の西洋の科学・哲学などは夢にも及ばない。……そのいわゆる尽忠報国も、上は朝廷の命にこたえ、下は総督の職をつくしただけのこと。現在の民族の強弱、将来の世界の治乱には何ら意を用いず、学んだのは儒術のみ、……今後、世界の文明大国では政党の争いがいよいよ劇化してゆくのに、リーダーたるものがこうも退嬰的では、何事も果たせない。……欧米の政体、英仏の学術については、その富強の由来を究明することもしなかった。華夷の差別が払拭できていないらしい。「外国の通商を塩の専売と比較して、需要にこたえて内地各省に推し及ぼしていけばよい」などと上奏したのは、笑うべき謬見である。……

三、四十年前の人をもとより責めるわけにはいかないけれど、伝記にしたてる人物は後世の師表にしようとするものである。それなら曾文正公なる者は、位牌を拝んでおけばよいので、何事も手本にはならない。今後かれに倣えば、国を誤るのみならず名を成すこともできないだろう。

以上は一九〇二年一一月、梁啓超あて黄遵憲の返信の一節である。『李鴻章伝』を書きあげた後、さらに『曾文正公伝』の執筆をくわだてた三十歳の梁啓超から、意見を求められた黄遵憲は五十五歳。およそ二十年前、若いころ敬仰やまぬ対象だった「曾文正公」は、二〇世紀の初めには、もはや手本にならぬ旧人物と化していた。

一人の人間のなかでさえ、「英雄」の評価はかくも急転している。長く時間をとって輿論全体をみるなら、二転三転する人物評価になっても無理はない。

当時の黄遵憲にかぎっていうだけでも、これをかれ自身の思想変化とみるのか、中国社会の構造変容とみるのか、世界情勢の帰趨とみるのか。歴史家にとって、大きな課題として残らざるをえない。

いずれにしても、確かにいえることはある。黄遵憲は引用の書翰を「文正がごとき人物は、誹謗もできなければ、模倣もできない、なんとめずらしいことではあるまいか」と結んだ。中国史に骨がらみな毀誉褒貶という叙述・評価にあえて背を向けたこの言こそ、その典型たる「英雄」曾国藩に向き合ってきた本書の結論でもある。ひいては史の「直筆」にとって出発点となる鉄案にほかならない。

あとがき

筆者が研究らしきものを手がけたのは、清末史からであり、はじめて手許に揃え自発的に読んだ史料が、曾国藩の全集である。太平天国の時期に関心が強かったこともあって、かつて否応なく読まされた范文瀾の使っている史料を自分で読みなおしてみようとした。たどたどしい記憶では、そんないきさつだったかもしれない。

一九八〇年代の後半、ちょうど新版の『曾国藩全集』の発刊がはじまったばかりのころである。学資の乏しい身としては、なるべく安価で買い求めようと、中国に赴くたび、各地で数冊づつ購入、旅嚢に溢れんばかりの本をかかえて帰国するのが常だった。平装に精装、装丁も版本もまちまちながら少しづつ買いそろえ、ひととおり架蔵できた喜びから、やみくもに読みふけった若年の日々を思い出す。

そうはいっても、経済史や外交史で専門の研究にとりくみだすと、太平天国や湘軍は研究対象からは遠ざかり、曾国藩とも、その全集とも疎遠になった。むしろよく繙いたのは、李鴻章の全集のほうである。それでも李鴻章をみていれば、必ず師の曾国藩に言及があるから、なじみは決して浅くない。おかげで当初の関心は、三十年以上たっても、失わずに至っている。

もちろんそんな個人的で漠たる関心が、そのまま評伝の執筆に結びつくわけはない。しかも曾国藩は史上の「英雄」、最重要人物の一人だから、言語・国籍を問わず、関連の論著はおびただしく、ことさら屋上屋を架して、自らあらためて評伝を書く必要もないと思われた。日本にも近藤秀樹先生の作品があり、さすがに史観は古くなったけれども、史料の読解はしっかりしたもので、冷徹な史眼と犀利な解釈にいまなお蒙を啓かれる。最近は波多野善大先生の学統を継がれる清水稔先生のコンパクトなガイドブックも出た。伝記の形式でなくとも、その生涯にふれる文章は数知れない。

だから自身としては、ずいぶん以前に評伝執筆のお話があったときも固辞したし、今回も躊躇逡巡を禁じ得なかった。

それを今になって書くことにしたのは、やはり大国化と言論統制を強める現代中国の帰趨と歴史の研究・叙述との関わりを看過できないからである。近隣にいるわれわれもおよそ無関係であり得ず、理解しづらいそのありようをわきまえておかねばならない。

曾国藩本人のことばを借りて一言でいえば、「英雄」史観である。人並みはずれた事蹟を残した人物の褒貶を基軸に編成する歴史叙述は、はるか紀元前、遅くとも紀伝体のはじまった『史記』以来の長い伝統があり、時の中国の政治情勢と密接に関わってきた。もちろん目前も例外ではない。

そうした中国の歴史観・歴史叙述を知ることは、中国が大国化した現代の日本人には欠かせないし、またそれを一般に伝えるのは、中国史学に携わる者の義務でもあろう。現代中国を作った「英雄」の一人・曾国藩の事蹟の扱いは、その典型であって、やはり一端を知っておかねばならない。そんな大仰なことも感じつつ、少し気負って執筆にとりかかった。

筆者とは逆に、「曾国藩伝」執筆を自らすすんで企図した梁啓超は、小著の掉尾に引いた黄遵憲の書翰を受けて断念したのか、その後も執筆公刊は確認できない。それでも曾国藩崇拝はかわらず、評伝の代わりに語録を出版した。その経過・行状は述べたとおりである。かたや黄遵憲は必ずしも曾国藩の伝記執筆を断念せよ、とすすめてはいない。

この段、書き上がって、読みかえしてみると、なかなかの名論、……この趣旨にもとづいて伝記を書くなら、国勢も進歩が期待できるし、郷俗の陋見を破ることもできよう。それなら決して「李鴻章伝」より価値が劣ることはあるまい。

という。つまりは書くなら、褒貶に流れなければ、有意義だとしたのである。

梁啓超はこの書翰を自分の主宰する雑誌に掲載公表したくらいだから、黄遵憲の意見には賛成だったのだろう。しかし自身はこの「名論」どおりに実践できなかった。そこに歴史を政治に活用せねばやまぬ中国の旧套を、なお脱し得ない梁啓超の苦悩があったとみるべきだろうか。あるいは牢乎な旧套をなお脱し得ぬ中国全体の「郷俗」をみるべきだろうか。

したがって曾国藩の評伝を執筆するなら、はるかに黄遵憲の遺言を履行し、梁啓超のなしえなかった事業を達しなければ意味がない。毀誉極まり褒貶常ない中国的な「郷俗の陋見を破る」ことは、中国史学に携わる歴史家の尽きせぬ念願、眇たる小著がその万分の一にでも近づければ、望外の幸いである。

いかに大仰な建前があるとはいえ、現実に歴史を叙述する作業の多くは、史料の読解にほかならない。手になじんだ『曾国藩全集』を久しぶりに読みなおす作業は、じつに楽しかった。数十年ぶりに触れた巻もあったので、ほとんど初対面のような気がしながらも、時々なぜ、いつ施したかもわからない傍線・下線やメモ書きに出くわして、苦笑することもしばしば。それでも以前に読めなかったくだりの意味がわかったりすると、うれしさの半面、寄る年波も感じた。若い頃の読書はやはり一生を規定するのだと噛みしめている。

もちろん生来の魯鈍菲才、近年の多事忙殺、ずいぶん時間をかけながら、けっきょくは倉卒の間に成った小著であれば、けだし錯誤も多いはず。畏友の吉澤誠一郎さん、村上衛さん、水盛涼一さん、根無新太郎さん、君塚直隆さんに一読をお願いして、示教を多々得ることができた。また略年譜は作成を大学院生の王艶文さんにお願いしたものである。記して謝意を表したい。それでもなお少なからぬであろう誤りは、すべて筆者の責任であり、大方の示教をお願いするものである。

ともあれ小著で、同じレーベルの『李鴻章』『袁世凱』につづき、期せずして三部作をなし、三巨頭で一九世紀の中国史を通して、自分なりの表現を与えることもできた。それだけに感慨もひとしおではある。くりかえし粘り強く執筆を慫慂くださった岩波書店の小田野耕明さん、執筆の前から諸事わがままな筆者の面倒をみて、成書まで導いてくださった同社の飯田建さんにあらためて感謝を申し上げる。

以上のとおり、最初から最後まで、我意の勝った執筆ではあった。それでも中国史、そして現代中国を理解するには欠かせない巨人である。そんな曾国藩に対するいささかの知見、そして独り善がりな感慨が、少しでも読者と共有できるのなら、これまた望外の慶びである。

岡本隆司

二〇二一年歳晩　雪化粧の賀茂の畔にて

岩波新書/最新刊から

1927
職業としての官僚
嶋田博子 著
霞が関官僚の職業実態を示し、官僚が国民や政治に対し担うべき役割、現状をあるべき像に近づける道を我が事として考える必要を説く。

1928
日米地位協定の現場を行く
―「基地のある街」の現実―
山本章子
宮城裕也 著
繰り返される事故や騒音被害……それらを止められない原因は日米地位協定にある。「国の専管事項」である安全保障が日常を脅かす。

1929
西田幾多郎の哲学
―物の真実に行く道―
小坂国継 著
西田幾多郎の思想は「自覚」の哲学である。この見地から、各時期の鍵概念の展開を明確に解読する。西田哲学への最良の道案内。

1930
人種主義の歴史
平野千果子 著
ナショナリズムや植民地主義と結びつき、計りしれぬ惨禍をもたらした人種主義(レイシズム)を世界史的視座から捉える。

1918
シリーズ 歴史総合を学ぶ②
歴史像を伝える
―「歴史叙述」と「歴史実践」―
成田龍一 著
私たちの「世界史の考え方」は、一つの歴史像によって具体化される。歴史家の歴史叙述や授業での歴史実践での歴史像を吟味する。

1931
中国のデジタルイノベーション
―大学で孵化する起業家たち―
小池政就 著
「創業・創新」の中核を担う清華大学に籍を置く著者が、豊富な事例をもとにその現状と課題を掘り下げ、日本が学ぶべき点を提示。

1932
読書会という幸福
向井和美 著
三十年余続く、全員が同じ作品を読んで語り合う読書会。その豊饒な「魂の交流の場」への想いをやわらかな文章で綴る名エッセイ。

1933
空海
松長有慶 著
空海の先駆的な思想を、密教研究の第一人者で高野山に暮らす著者が、書物や手紙から解き明かす。『密教』『高野山』に続く第三弾。

(2022.7)

言語

- 英語独習法　今井むつみ
- 『広辞苑』をよむ　今野真二
- 60歳からの外国語修行　メキシコに学ぶ　青山南
- やさしい日本語　庵功雄
- 世界の名前　岩波書店辞典編集部編
- 英語学習は早いほど良いのか　バトラー後藤裕子
- ものの言いかた西東　小林隆・澤村美幸
- 日本語スケッチ帳　田中章夫
- 日本語の考古学　今野真二
- 辞書の仕事◆　増井元
- 実践 日本人の英語　マーク・ピーターセン
- ことばの力学　白井恭弘
- 百年前の日本語◆　今野真二
- 女ことばと日本語　中村桃子
- テレビの日本語　加藤昌男
- 日本語雑記帳　田中章夫
- 英語で話すヒント◆　小松達也
- 仏教漢語50話　興膳宏
- 語感トレーニング　中村明
- 曲り角の日本語　水谷静夫
- 日本語の古典　山口仲美
- ことばと思考　今井むつみ
- 漢文と東アジア　金文京
- 外国語学習の科学　白井恭弘
- 日本語の源流を求めて　大野晋
- 英文の読み方　行方昭夫
- ことば遊びの楽しみ　阿刀田高
- 日本語の歴史　山口仲美
- 日本の漢字　笹原宏之
- ことばの由来　堀井令以知
- コミュニケーション力　齋藤孝
- 漢字と中国人　大島正二
- 日本語の教室　大野晋
- 伝わる英語表現法　長部三郎
- 日本人はなぜ英語ができないか　鈴木孝夫
- 心にとどく英語　マーク・ピーターセン
- 日本語練習帳　大野晋
- 翻訳と日本の近代　丸山真男・加藤周一
- 日本語ウォッチング　井上史雄
- 教養としての言語学　鈴木孝夫
- 日本語の起源〔新版〕　大野晋
- 日本人の英語 続　マーク・ピーターセン
- 日本語と外国語　鈴木孝夫
- 日本人の英語　マーク・ピーターセン
- 日本語〔新版〕上・下　金田一春彦
- ことばの道草　岩波書店辞典編集部編
- 日本語の構造　中島文雄
- ことばとイメージ　川本茂雄
- 外国語上達法　千野栄一
- 記号論への招待　池上嘉彦
- 翻訳語成立事情　柳父章
- ことばと国家　田中克彦
- 日本語の文法を考える　大野晋
- ヨーロッパの言語　泉井久之助

岩波新書より

(2021.10)　◆は品切，電子書籍版あり．(O2)

世界史

岩波新書新赤版一〇〇〇点に際して

ひとつの時代が終わったと言われて久しい。だが、その先にいかなる時代を展望するのか、私たちはその輪郭すら描きえていない。二〇世紀から持ち越した課題の多くは、未だ解決の緒を見つけることのできないままであり、二一世紀が新たに招きよせた問題も少なくない。グローバル資本主義の浸透、憎悪の連鎖、暴力の応酬——世界は混沌として深い不安の只中にある。

現代社会においては変化が常態となり、速さと新しさに絶対的な価値が与えられた。消費社会の深化と情報技術の革命は、種々の境界を無くし、人々の生活やコミュニケーションの様式を根底から変容させてきた。ライフスタイルは多様化し、一面では個人の生き方をそれぞれが選びとる時代が始まっている。同時に、新たな格差が生まれ、様々な次元での亀裂や分断が深まっている。社会や歴史に対する意識が揺らぎ、普遍的な理念に対する根本的な懐疑や、現実を変えることへの無力感がひそかに根を張りつつある。そして生きることに誰もが困難を覚える時代が到来している。

しかし、日常生活のそれぞれの場で、自由と民主主義を獲得し実践することを通じて、私たち自身がそうした閉塞を乗り超え、希望の時代の幕開けを告げてゆくことは不可能ではあるまい。そのために、いま求められていること——それは、個と個の間で開かれた対話を積み重ねながら、人間らしく生きることの条件について一人ひとりが粘り強く思考することではないか。その営みの糧となるものが、教養に外ならないと私たちは考える。歴史とは何か、よく生きるとはいかなることか、世界そして人間はどこへ向かうべきなのか——こうした根源的な問いとの格闘が、文化と知の厚みを作り出し、個人と社会を支える基盤としての教養となった。まさにそのような教養への道案内こそ、岩波新書が創刊以来、追求してきたことである。

岩波新書は、日中戦争下の一九三八年一一月に赤版として創刊された。創刊の辞は、道義の精神に則らない日本の行動を憂慮し、批判的精神と良心的行動の欠如を戒めつつ、現代人の現代的教養を刊行の目的とする、と謳っている。以後、青版、黄版、新赤版と装いを改めながら、合計二五〇〇点余りを世に問うてきた。そして、いままた新赤版が一〇〇〇点を迎えたのを機に、人間の理性と良心への信頼を再確認し、それに裏打ちされた文化を培っていく決意を込めて、新しい装丁のもとに再出発したいと思う。一冊一冊から吹き出す新風が一人でも多くの読者の許に届くこと、そして希望ある時代への想像力を豊かにかき立てることを切に願う。

（二〇〇六年四月）

岡本隆司

1965年生まれ．京都大学大学院文学研究科博士後期課程単位取得退学．博士(文学)．
現在－京都府立大学文学部教授
専攻－近代アジア史
著書－『李鴻章――東アジアの近代』，『袁世凱――現代中国の出発』，『シリーズ中国の歴史⑤「中国」の形成　現代への展望』(以上，岩波新書)，『近代中国と海関』，『属国と自主のあいだ――近代清韓関係と東アジアの命運』，『中国の誕生――東アジアの近代外交と国家形成』，『明代とは何か――「危機」の世界史と東アジア』(以上，名古屋大学出版会)，『叢書 東アジアの近現代史 第1巻　清朝の興亡と中華のゆくえ――朝鮮出兵から日露戦争へ』(講談社)，『近代中国史』，『世界史序説――アジア史から一望する』(以上，ちくま新書)，ほか

曾国藩　「英雄」と中国史　岩波新書(新赤版)1936

2022年7月20日　第1刷発行

著　者　岡本《おかもと》隆《たか》司《し》

発行者　坂本政謙

発行所　株式会社 岩波書店
〒101-8002 東京都千代田区一ツ橋 2-5-5
案内 03-5210-4000　営業部 03-5210-4111
https://www.iwanami.co.jp/

新書編集部 03-5210-4054
https://www.iwanami.co.jp/sin/

印刷製本・法令印刷　カバー・半七印刷

ISBN 978-4-00-431936-8　Printed in Japan

索　引

【は行】

【ま行】

【や行】

【ら行】

曾国藩略年譜

（太字は曾国藩本人に関わる記事）

西暦・元号(年齢)	出　来　事
1796・嘉慶 1	白蓮教徒の乱(〜1804)
1811・嘉慶 16　(1)	**11 曾子城(曾国藩)，湖南省湘郷県で誕生**
1818・嘉慶 23　(8)	**父・曾麟書の家塾に入る**
1833・道光 13 (23)	**童試合格．欧陽氏と結婚**
1834・道光 14 (24)	**郷試合格**
1838・道光 18 (28)	**会試・殿試に合格．6 翰林院庶吉士拝命．帰省．12 国藩に改名**
1839・道光 19 (29)	12 曾紀澤，誕生．**上京**
1840・道光 20 (30)	**5 翰林院検討に昇進．**アヘン戦争(〜1842)
1842・道光 22 (32)	8 南京条約締結
1843・道光 23 (33)	**4 翰林院侍講に昇進．7 四川郷試の正考官．**洪秀全，上帝教創立
1844・道光 24 (34)	**6 北京郷試の試験官**
1845・道光 25 (35)	李鴻章が師事．**10 翰林院侍講学士に昇進**
1847・道光 27 (37)	4 李鴻章，進士となって翰林院に入る．**7 内閣学士に昇進**
1849・道光 29 (39)	**2 礼部右侍郎拝命．**11 祖父の曾玉屏，逝去
1850・道光 30 (40)	2 道光帝，崩御
1851・咸豊 1　(41)	1 太平天国，蜂起．**6 刑部左侍郎を兼任．**9 太平天国，広西永安州占領
1852・咸豊 2　(42)	6 馮雲山，戦死．**7 江西郷試の正考官．**母逝去．9 蕭朝貴，長沙で戦死．**10 実家到着，服喪**
1853・咸豊 3　(43)	**1 団練編成・匪賊捜査の勅命を授かる．**1 太平軍，武昌占領．3 太平軍，南京占領．**審案局設置．湘軍結成．**6 太平軍，西征軍派遣．太平軍，安慶占領．10 太平軍，黄州・漢口・漢陽占領．**11 水軍増強**
1854・咸豊 4　(44)	1 江忠源，自決．2 呉文鎔，戦死．**「粤匪を討つの檄」．湘軍出征．**3 太平軍，岳州・湘陰占領．**湘軍，岳州奪回．**4 彭玉麟，湘潭奪回．

	太平軍，岳州攻略．靖港で大敗．6 太平天国，ふたたび武昌占領．8 湘軍，岳州奪回．10 湘軍，武昌・漢陽奪回．湖北巡撫代行の任命を受け，まもなく取り消し．12 田家鎮奪回
1855・咸豊 5 （45）	1 九江で敗戦．8 塔斉布，病死
1856・咸豊 6 （46）	4 羅澤南，戦死．9 天京事変．10 アロー戦争（～1858）
1857・咸豊 7 （47）	2 曾麟書，病歿．3 帰郷服喪．6 兵部侍郎代理拝命，辞退．8 解任
1858・咸豊 8 （48）	6 清朝，英仏米露と天津条約を締結．7 戦線復帰．11 李続賓・曾国華，戦死
1860・咸豊 10（50）	6 太平軍，蘇州占領．両江総督何桂清，罷免．両江総督拝命．10 英仏連合軍，北京占領．太平軍，徽州占領．清朝，北京条約締結
1861・咸豊 11（51）	8 咸豊帝，崩御．9 湘軍，安慶奪回．胡林翼，死去．11 辛酉政変．江南軍務の全権を授かる．安慶乞師．安慶内軍械所設立．12 太平軍，杭州占領
1862・同治 1 （52）	1 協辦大学士拝命．左宗棠，浙江巡撫拝命．2 李鴻章，淮軍結成．4 李鴻章，江蘇巡撫代行拝命．6 陳玉成，刑死．12 李鴻章，江蘇巡撫拝命
1863・同治 2 （53）	6 石達開，刑死．12 淮軍，蘇州奪還
1864・同治 3 （54）	3 左宗棠，杭州回復．6 洪秀全，死去．7 太平天国滅亡，湘軍，南京奪回．8 太子太保・一等侯爵を授かる．李秀成を処刑．江南貢院修築
1865・同治 4 （55）	5 捻軍討伐の勅命を授かる．6 南京出発，北上．9 徐州到着．江南製造総局設立
1866・同治 5 （56）	11 協辦大学士・両江総督辞任を上奏．12 李鴻章，捻軍討伐
1867・同治 6 （57）	2 李鴻章，湖広総督拝命．4 南京到着，両江総督に帰任
1868・同治 7 （58）	8 揚州教案．李鴻章，捻軍鎮圧．9 直隷総督拝命
1869・同治 8 （59）	3 保定赴任
1870・同治 9 （60）	6 天津教案．7 天津到着，教案を処理．8 両

	江総督に転任．李鴻章，直隷総督拝命．10 北京到着，朝見．11 北京出発．12 南京到着
1871・同治 10（61）	9 日清修好条規締結
1872・同治 11（62）	3 逝去
1876・光緒 2	『曾文正公全集』出版完結
1916・民国 5	梁啓超，曾国藩の語録を刊行
1936・民国 25	世界書局版『曾文正公全集』出版
1944・民国 33	范文瀾，『漢奸劊子手曾国藩的一生』刊行

参考文献について

曾国藩の評伝たる小著が参照した資料としては，もちろん曾国藩本人の残した「全集」が主体をなす．小著の中で記した来歴をもつ厖大な著述集でもあるので，ひととおりの書誌を知っておかなくてはならない．

19 世紀後半に湖南長沙の伝忠書局から出た初刊の『曾文正公全集』は，かつて台北で刊行された「近代中国史料叢刊続編」に影印本(写真版)を収録するので，比較的容易にみることができる．ただ，われわれに便利な体裁には必ずしもなっていない．

たとえば日記が時系列で排列せず，内容別にとりだせるようにしてあるのは，故人の顕彰・読者の修身が刊行の目的だったからである．活版・排印本に改めた蔣介石時代の世界書局本も，人間修養・国民養成を目的としていたから，その点は変わらなかった．

歴史を研究するわれわれに，さしあたり修身は関わりない．1980 年代以降に長沙の嶽麓書社から出た，簡体字の活字で組む新版『曾国藩全集』は，あらたに蒐集した原物などで校訂・増補を施しつつ，日付を明記して時系列に組みなおし，索引もつけてあるので，史料としては使いやすくなった．大陸で続刊・新刊のつづく『全集』は，基本的にこの嶽麓書社本を底本とする．

一方，台湾では 1960 年代，台北の学生書局から「中国史学叢書」の一環として，『曾文正公手寫日記』『湘郷曾氏文献』などが出た．『全集』として編纂する以前の日記や手紙など，曾国藩とその係累のオリジナルな各種文書の影印本を収録したもので，小著でも少し紹介したとおり，そこから容易にリアルタイムの感触を得ることもでき，有用である．

さて実際に曾国藩の言動を観察するにあたっては，『全集』に附いた「年譜」がさしあたって手がかりになるものの，あくまで『全集』をみるための年表・索引なので，梁啓超も論評したとおり，必ずしも十分ではない．各種資料を博捜して現代的に増補した『曾国藩年譜長編』(董叢林編著・上海交通大学出版社，2017 年)で相補って，ようやく詳細な事

蹟をみわたすことができる.

そうした史料にもとづく中国語圏の資料集・研究文献は，じつにおびただしく，文字どおり枚挙に暇がない．代表的な関連論著は，おおむね以下に列挙する主要な邦文文献に引用，言及があるので，いっさい省略する.

日本語の著述では，明治の古くにまでさかのぼれば，李鴻章と合わせて，曾国藩の評伝の執筆・出版も散見する．たとえば木崎愛吉『曾国藩』(吉岡書店，1900 年)や川崎三郎『東邦之偉人』(文求堂書店 1903 年)がそれで，日清戦争から義和団にかけ，日本が中国との利害関係を急速に深めていった時期であり，その点でむしろ同時代史といってよいものかもしれない.「偉人」「大《グレート，》経世家《ステーツマン》」「人傑」という観点からで，これは当時なお支配的だった『全集』的な顕彰を知らず識らず踏襲したものだろう.

やはり客観的なみなおしは，戦後になってからであろうか．中国共産党の史観・評価に多かれ少なかれ影響を受けつつも，内外で客観的かつ着実な研究がすすんできたといえる．何といっても曾国藩は中国近代史上の重要人物であるから，小著執筆にあたって参照した論著をすべてあげると，やはり枚挙に暇がない.

そのため以下は和文に限って，小著で直接に引いたもの，あるいは所説に言及のあるもののみを掲げた．そこに挙げる多くの参考文献や関連史料を参照すれば，さらに考察を深めることができるだろう.

浅沼かおり『趙烈文のみた清末の中国社会』吉田書店，2021 年

上田信『人口の中国史――先史時代から 19 世紀まで』岩波新書，2020 年

宇野哲人『支那文明記』改訂版，大同館書店，1918 年

緒形康「李秀成の供述書はいかに作成されたか」『神戸大学文学部紀要』第 47号，2020 年

岡本隆司『李鴻章――東アジアの近代』岩波新書，2011 年

参考文献について

狩野直喜『清朝の制度と文学』みすず書房，1984 年
菊池秀明『太平天国――皇帝なき中国の挫折』岩波新書，2020 年
近藤秀樹『曾国藩』人物往来社，1966 年
佐藤公彦『中国近現代史はどう書かれるべきか』汲古書院，2016 年
司馬遼太郎『播磨灘物語(四)』講談社文庫，1978 年.
島田虔次『隠者の尊重――中国の歴史哲学』筑摩書房，1997 年
清水稔『曽国藩――天を畏れ勤・倹・清を全うした官僚』世界史リブレット人，山川出版社，2021 年
鈴木中正『中国史における革命と宗教』東京大学出版会，1974 年
陳舜臣「皇帝になれなかった男・曾国藩」同『中国近代の群像』朝日選書，1980 年，所収.
陳舜臣・増井経夫『揚子江』中公新書，1982 年
並木頼寿『捻軍と華北社会――近代中国における民衆反乱』研文出版，2010 年
波多野善大著／清水稔・坂野良吉編『近代中国の人物群像――パーソナリティー研究』汲古書院，1999 年
范文瀾著／横松宗・小袋正也訳『中国近代史』中国書店，1999 年
村上衛「「士」の家計簿――曾国藩の著作より」京都大学人文科学研究所附属東アジア人文情報学研究センター編『中国近代の巨人とその著作――曾国藩，蔣介石，毛沢東』研文出版，2019 年，所収
吉澤誠一郎『清朝と近代世界――19 世紀』シリーズ中国近現代史①，岩波新書，2010 年
梁啓超著／高嶋航訳注『新民説』平凡社(東洋文庫)，2014 年
梁啓超著／岡本隆司・石川禎浩・高嶋航編訳『梁啓超文集』岩波文庫，2020 年

図表出典一覧

曾国藩　『曾文正公全集』世界書局，1936年(台1版，1952年)，第1巻，口絵
19世紀の中国　清水稔『曽国藩』，10ページを一部改変
図1，図4，図7〜図11，図13〜図15，図21，図22，図25〜図28，図30，図34〜図37，図39，図40　Wikimedia Commons
図2　公益財団法人東洋文庫所蔵
図3　近藤秀樹『曾国藩』，124ページ
図5　著者作成
図6　『曾文正公手寫日記』第1巻，台湾学生書局，1965年，262〜265ページ
図12　近藤秀樹『曾国藩』，176ページ
図16　近藤秀樹『曾国藩』，189ページ．菊池秀明「太平天国西征軍の湖北進出と廬州攻略」『アジア文化研究』42，2016年，59ページも参考にした
図17　近藤秀樹『曾国藩』，180ページ
図18　近藤秀樹『曾国藩』，223ページ
図19　公益財団法人東洋文庫所蔵
図20　『湘郷曾氏文献　家書』第1巻，台湾学生書局，1965年，口絵
図23　公益財団法人東洋文庫所蔵
図24　『克復金陵賊黨供招』文海出版社，1976年，1，117ページ
図29　岡本隆司『「中国」の形成　現代への展望』岩波新書，2020年，134ページに加筆
図31　宇野哲人『支那文明記』，288〜289ページ

本文184ページにいう勅命を受けて，湖南巡撫王文韶の指揮で建設をみた．写真は1907年10月31日長沙を訪れた，留学中の東京帝国大学文科大学助教授・宇野哲人の撮影したもの．宇野は本書のなかで，曾国藩が太公望・諸葛亮にも比せられると記す王文韶の頌辞とともに，満洲人の爪牙となって「同胞」を害し，「兄弟」の膏血で自らの富貴を購ったという誹謗の落書を紹介，後者の思想が革命軍の興起，ひいては1911年の武昌蜂起にもつながったと展望している．

図32　『能静居日記』第3巻，台湾学生書局，1964年，1892〜1893，1898〜1899ページ
図33　『曾文正公手寫日記』第2巻，912〜913ページ
図38　著者所蔵を撮影
図41　『湘郷曾氏文献　家書』第1巻，口絵

表1　上田信『人口の中国史』，146ページ
表2　村上衛「「士」の家計簿」，29ページ